TEXTE UND MATERIALIEN
FÜR DEN UNTERRICHT

Kant & Co. im Interview

Fiktive Gespräche mit Philosophen über ihre Theorien

Für die Sekundarstufe

Von Jörg Peters und Bernd Rolf

D1870498

Philipp Reclam jun. Stuttgart

RECLAMS UNIVERSAL-BIBLIOTHEK Nr. 15062
Alle Rechte vorbehalten
© 2009 Philipp Reclam jun. GmbH & Co. KG, Stuttgart
Gesamtherstellung: Reclam, Ditzingen. Printed in Germany 2010
RECLAM, UNIVERSAL-BIBLIOTHEK und
RECLAMS UNIVERSAL-BIBLIOTHEK sind eingetragene Marken
der Philipp Reclam jun. GmbH & Co. KG, Stuttgart
ISBN 978-3-15-015062-7

www.reclam.de

Inhalt

Vorwort

Häufig fällt es Schülerinnen und Schülern schwer, sich mit einigen der bedeutendsten Ideen der Philosophiegeschichte auseinanderzusetzen. Viele Texte weisen sprachlich einen kaum zu bewältigenden Schwierigkeitsgrad auf oder sie verlangen den Schülerinnen und Schülern ein zu hohes Abstraktionsniveau ab. In wiederum anderen Quellen werden so komplexe Theoriegebäude vorgestellt, dass eine große Anzahl von Schülerinnen und Schülern – sofern sie keine Orientierung finden – häufig nur sehr schwer einen Zugang zu den zu besprechenden Lehren finden. Daher ist es im Unterricht oft mühsam, einen philosophischen Text zu analysieren bzw. den Argumentationsgang zu rekonstruieren.

Einen möglichen Ausweg aus dieser unbefriedigenden Situation bietet das vorliegende Buch. Gängige Ideen und Theorien, die in den Originaltexten der großen Philosophen zu finden und in den Jahrgangsstufen 10 bis 12 bzw. 11 bis 13 zu behandeln sind, liegen in diesem Band in einer für Schülerinnen und Schüler angemessenen Sprache und Präsentation vor. Das hier gewählte Verfahren ist die Transformation der Originaltexte in fiktive Dialoge. Es bietet neben der besseren Verständlichkeit noch weitere Vorteile: Durch die Möglichkeiten der Auswahl bestimmter Argumente, der Zusammenfassung zentraler Beweisführungen und der Umstellung von Gedanken erlaubt sie didaktische Vereinfachung und ermöglicht zusätzlich die Gelegenheit zur Erläuterung schwieriger Sachverhalte.

Hinzu kommt, dass diese Textsorte auf Schülerinnen und Schüler motivierend wirkt. Dies liegt nicht zuletzt an der Art der Darbietung. Die hier präsentierten Dialoge sind alle für Jugendliche geschrieben und damit auch an ihre lebensweltlichen Bezüge angebunden. Es handelt sich um Gespräche zwischen Fachleuten (Philosophen) und Laien (Schülerinnen und Schülern, Moderatoren, Arbeitern oder Vorstandsvorsitzenden). Alle Dialoge sind grundsätzlich in eine Rahmenhandlung eingebettet, in der Jugendliche beispielsweise eine Zeitreise zu Platon nach Athen oder nach England zu Bentham und Mill sowie nach Amerika zu Peter Singer antreten, in der Philosophen wie Locke und Hume in die Gegenwart reisen, um einer Schulklasse Rede und Antwort zu stehen, in der Hobbes, Locke und Rousseau eine Podiumsdiskussion führen, in der Kant, Dilthey und Popper in Talkshows ihre Theorien vorstellen, in der ein Schüler Arnold Gehlen anruft oder Kant im Traum begegnet.

Die Kapitelüberschriften nennen jeweils nach dem Namen des Philosophen den Titel seines Werkes, das die im Gespräch behandelten Thesen enthält. Die Leitbegriffe und im jeweiligen philosophischen Diskurs eingebürgerten Fachtermini sind in den Gesprächen durch Kursivdruck markiert.

Die hier vorliegenden Gespräche behandeln Fragen und Problemstellungen von der Anthropologie über Ethik und Staatsphilosophie bis hin zu Erkenntnis- und Wissenschaftstheorie. Sie können im Unterricht ergänzend zu den Ausschnitten aus den originalen Quellen und als Hilfestellung zu deren Verständnis eingesetzt werden.

Schließlich ist dieses Buch auch als Lesebuch für all diejenigen gedacht, die sich mit philosophischen Ideen auseinandersetzen und sich auf unterhaltsame Weise einen ersten Überblick über die Lehren der großen Philosophen verschaffen wollen.

1. Der Mensch – ein Mängelwesen?

Arnold Gehlen (1904–1976)
Der Mensch. Seine Natur und seine Stellung in der Welt (1940)

Daniel saß wie jeden Abend vor seinem philosophischen Tagebuch, das er seit einiger Zeit führte. Immer, wenn er auf interessante Gedanken oder Theorien von Philosophen stieß, hielt er sie in seinem kleinen roten Buch mit den schwarzen Ecken fest. In den letzten Tagen hatte er sich mit den Ausführungen aus Arnold Gehlens Hauptwerk Der Mensch. Seine Natur und seine Stellung in der Welt *auseinandergesetzt. Daniel beschäftigte dabei besonders das Problem, wie der Mensch im Vergleich zu den Tieren zu betrachten sei. Aber er war noch nicht so weit, seine Gedanken schriftlich zu fixieren, weil er einige Aspekte der Theorie Gehlens noch nicht genau durchdacht hatte. Da er sichergehen wollte, dass seine Überlegungen richtig waren, ließ er sich von der Auskunft Gehlens Telefonnummer geben und rief ihn an:*

DANIEL. Guten Abend, Herr Gehlen. Ich heiße Daniel und bin Schüler einer 11. Klasse. Ich habe Ihr Buch *Der Mensch* gelesen und bin dabei auf einige Probleme gestoßen. Hätten Sie vielleicht ein wenig Zeit, mir dabei zu helfen, meine Fragen zu klären?

GEHLEN. Aber natürlich. Ich freue mich schließlich darüber, wenn sich jemand anthropologischen Fragen zuwendet, denn die Anthropologie hat unberechtigterweise in den letzten Jahren nur wenig Beachtung erhalten.

DANIEL. Also dann: Sie beginnen Ihre Ausführungen über den Menschen damit, dass Sie ihn als ein biologisches Sondermodell interpretieren. Danach stellen Sie dar, wieso Schelers Stufenschema abzulehnen ist, und behaupten im dritten Kapitel ihres Buches, dass der Mensch ein Mängelwesen sei.

GEHLEN. Richtig. Dass der Mensch eine Sonderstellung in der Welt einnimmt, werden wir sehen, sobald wir ihn biologisch unter die Lupe nehmen. Bevor wir das tun, möchte ich aber noch ein Wort zum Stufenmodell von Max Scheler sagen. Auf seine Theorie darf man sich nicht einlassen, weil es sich um eine täuschende Ordnung handelt. Seiner Auffassung nach ist der Unterschied zwischen Mensch und Tier in der besonderen Beschaffenheit der Intelligenz zu suchen, und zwar in einer besonderen Qualität, die er *Geist* nennt. Wenn der Mensch sich aber vom Tier schon durch seine Bewegungen, Handlungen, Lautäußerungen und Intelligenzakte unterscheiden sollte, wie es die Vertreter der klassischen Abstammungslehre behaupten, kann man den Unterschied nicht mehr allein auf den *Geist* reduzieren. Man könnte ihn dann genauso in *physischen Bewegungsformen* nachweisen.
Ich bestimme den Menschen daher als handelndes Wesen. Eine solche Definition findet in Schelers Stufenschema keinen Platz, weil mit ihr nicht die Frage berührt wird, ob zu den tierischen Voraussetzungen beim Menschen noch der Geist hinzutritt oder nicht. Wenn man den Menschen nämlich biologisch betrachtet, kommt man schnell zu der Überzeugung, dass bei ihm ein durchlaufendes Strukturgesetz besteht, wodurch er sich grundlegend vom Tier unterscheidet.

DANIEL. Und dabei haben Sie festgestellt, dass der Mensch ein Mängelwesen ist.

GEHLEN. Zunächst einmal wird mir nicht die Ehre zuteil, als Erster den Menschen als Mängelwesen bezeichnet zu haben. Dieser Begriff ist 1772 von Johann Gottfried

Herder in seinem Buch *Abhandlung vom Ursprung der Sprache* geprägt worden und geht letztlich auf den griechischen Mythos von Prometheus zurück. Und um deine Frage zu beantworten, muss man richtigerweise sagen, dass ich den Menschen im Gegensatz zu allen höheren Säugern *morphologisch* als ein durch Mängel gekennzeichnetes Wesen bestimme.

DANIEL. Morpho... was?

GEHLEN. *Morphologisch* bedeutet ›der Form nach‹ oder ›die Gestalt betreffend‹. Wenn du dir den Menschen genau betrachtest, wirst du feststellen, dass seine Mängel in einem exakt biologischen Sinn als a) Unangepasstheiten, b) Unspezialisiertheiten und c) Primitivismen zu bezeichnen sind. Man könnte auch sagen: Der Mensch ist *unentwickelt* und damit wesentlich als negativ zu bezeichnen.

DANIEL. Und inwiefern ist der Mensch unentwickelt? An uns ist doch alles, was wir brauchen, oder etwa nicht?

GEHLEN. Oh nein. Schau dir doch einmal die höherentwickelten Säugetiere an, dann wird dir klar, wieso wir unentwickelte und damit mangelhafte Wesen sind: 1. Es fehlt dem Menschen das natürliche Haarkleid und damit – zumindest in unseren Breitengraden – auch der natürliche Witterungsschutz. 2. Dem Menschen fehlen ferner auch natürliche Angriffsorgane oder eine zur Flucht geeignete Körperbildung. Hinzu kommt 3., dass die meisten Tiere den Menschen an Schärfe der Sinne übertreffen. Außerdem ist der Mensch 4. nur mit wenigen echten Instinkten ausgestattet, was ein nahezu lebensgefährlicher Mangel ist. 5. Bei fast allen Säugetieren liegt nur eine kurze Phase der Schutzbedürftigkeit vor, aber beim Menschen ist es anders. Er unterliegt nicht nur während der Säuglingszeit der Schutzbedürftigkeit der Eltern oder eines Elternteils, sondern auch noch in der Kinderzeit, die heute ungefähr bis zum 18. Lebensjahr dauert. Des Weiteren ist er 6. nicht mit einem speziellen Gebiss ausgestattet, das ihn zum Pflanzen- oder Fleischfresser machen würde. Nein, sein Gebiss ist unbestimmt, sodass er zugleich Pflanzen- und Fleischfresser ist. Schließlich sind 7. auch seine Arme und Beine nicht spezialisiert.

DANIEL. Können Sie Ihre Behauptungen anhand von Beispielen belegen?

GEHLEN. Aber natürlich! Hier sind einige Beispiele, die meine Theorie unterstützen: 1. Jedes Tier hat ein Haarkleid, das den Witterungsverhältnissen angepasst ist. In nördlichen Regionen wird das Haarkleid dichter sein als in sonnigen Gebieten, damit die Tiere nicht bzw. nicht allzu sehr frieren. 2. Die Zähne eines Raubtieres sind so angeordnet, dass es ein anderes Tier reißen und töten kann, um auf diese Weise sein Überleben zu sichern. 3. Damwild dagegen ist mit Schnelligkeit ausgestattet, damit es vor Raubtieren flüchten kann. 4. Hunde sind in der Lage, aus über 1000 Gerüchen einen bestimmten Geruch zu filtern. 5. Tiere leben nur nach ihren Instinkten. Der Mensch hat eigentlich nur noch zwei natürliche Instinkte, die sich aber nach der Säuglingsphase verlieren: Jedes Baby weiß sofort, dass es seine Nahrung durch die Brust der Mutter aufzunehmen hat und dass es, damit es geschützt wird, sich an seine Mutter klammern muss. 6. Die Gebisse der Tiere sind in der Regel darauf spezialisiert, Pflanzen oder Fleisch zu zerkleinern. 7. Schließlich hat beispielsweise ein Affe überentwickelte Arme und Kletterfüße, damit er die Hangelkletterei einfach bewältigen kann.

DANIEL. Wenn ich Sie richtig verstehe, dann laufen Ihre Ausführungen darauf hinaus, dass der Mensch eigentlich in der Natur nicht überleben kann und längst ausgestorben sein müsste. Aber das ist er nicht.

GEHLEN. Deine Beobachtungen sind vollkommen richtig. In der Natur können eigentlich nur solche Lebewesen überleben, die sich organisch hoch spezialisiert in ihre je ganz bestimmte Umwelt eingepasst haben.

DANIEL. Meinen Sie damit, dass ein Eisbär nur in der Arktis leben kann, aber nicht in der Wüste, weil er darauf nicht spezialisiert ist?

GEHLEN. Genau. Der Eisbär hätte in der Wüste keine Chance zu überleben. Bietet ihm sein weißes Fell in seiner Umwelt Schutz gegen Kälte und potenzielle Feinde, so verhält es sich in deinem Beispiel genau umgekehrt. Das Fell des Eisbären würde in der Wüste zur Todesfalle. Es ist so dicht, dass er wahrscheinlich aufgrund der hohen Temperaturen austrocknen und sterben müsste. Außerdem wäre er wegen der weißen Farbe seines Fells weithin sichtbar und eventuell sogar eine sichere Beute für ein Wüstentier, weil er sich in seiner neuen Umwelt nicht zurechtfindet. Seine Instinkte können ihm nicht sagen, wo Nahrung und Wasser zu finden sind. Da er wahrscheinlich vergeblich nach Nahrung suchen würde, würde ihn der Tod schnell ereilen. Selbst wenn der Eisbär Tiere fände, die ihm als Nahrung dienen könnten, würden seine Instinkte ihm nichts bringen, weil sie in diesem Fall nicht vorgeben, welche Tiere ihm Nutzen bringen und welche ihm Schaden zufügen. Folglich können wir sagen, dass ihm seine Angriffsorgane in diesem Umfeld nicht helfen; ja, sie wären sogar völlig nutz- und wertlos.

Was ich mit dem Beispiel zeigen will, ist Folgendes: Jedes Tier lebt in einem ganz bestimmten Lebensraum, den ich *Milieu* nenne. Das *Milieu* ist ein Lebensraum für darin hoch spezialisierte, angepasste Tiere und andere Lebewesen. Man kann auch von einer *spezifischen Umwelt* reden, in der nur spezialisierte Tiere lebensfähig sind. Folglich ist das Milieu nicht austauschbar, da der Organbau der Tiere ihm angepasst ist und ihre angeborenen Instinkte darauf ausgerichtet sind.

DANIEL. Gut, jetzt wissen wir, dass die Tiere zum einen Spezialisten sind und zum anderen in der Regel nur in einem bestimmten Lebensraum überleben können. Aber was ist mit dem Menschen?

GEHLEN. Ja, ja, der Mensch. Im Vergleich zu den Tieren

hat er *morphologisch* – wie wir vorhin schon festgestellt haben – so gut wie keine Spezialisierungen. Deshalb vertrete ich, wie du ja bereits angemerkt hast, die Auffassung, dass der Mensch innerhalb natürlicher, urwüchsiger Bedingungen als am Boden lebendes Wesen inmitten der gewandtesten Fluchttiere und der gefährlichen Raubtiere längst ausgestorben wäre, hätte er nicht die Möglichkeit, seine biologische Mittellosigkeit auszugleichen.

DANIEL. Was meinen Sie damit?

GEHLEN. Wir haben gesehen, dass die Tiere *Umwelt* besitzen. Der Mensch dagegen ist der *Umwelt enthoben*. Man kann auch sagen, er *hat Welt* oder er ist *weltoffen*. *Welt haben* ist aber zunächst einmal eine negative Tatsache. Der Mensch ist *weltoffen*, heißt doch nichts anderes, als dass der Mensch 1. im Gegensatz zum Tier eine Einpassung in ein Ausschnitt-Milieu entbehrt. Ebenso stellt 2. die allgemeine Reiz- oder Eindrucksoffenheit gegenüber Wahrnehmungen, die keine angeborene Signalfunktion haben, eine hohe Belastung dar. 3. Der Mangel an echten Instinkten schließlich komplettiert die drei Merkmale, die entscheidend dafür sind, dass dem Menschen *Weltoffenheit* und *Umweltenthebung* attestiert werden. Umgekehrt entsprechen beim Tier die Organspezialisierung, das Instinktrepertoire und die Umweltfesselung einander. Bitte beachte, dass diese Feststellung anthropologisch höchst bedeutsam ist.

DANIEL. Wieso?

GEHLEN. Alles, was wir bis jetzt gesagt haben, zeigt einen Strukturbegriff des Menschen, der nicht – wie bei Scheler – auf dem Merkmal des Verstandes, des Geistes allein beruht. Während Scheler bei seiner Bestimmung des Menschen eine psychologisch-philosophische Position einnimmt, versuche ich den Menschen biologisch zu interpretieren.

DANIEL. Wenn ich Sie richtig verstehe, dann geht es Ihnen gar nicht darum, einen Vergleich zwischen Mensch und Tier vorzunehmen. Sie versuchen vielmehr nachzuweisen, warum der Mensch als *organisch mangelhaftes Wesen* trotzdem zur Existenz fähig ist.

GEHLEN. Genau. Da der Mensch, wie wir empirisch nachweisen können, lebensfähig ist, müssen die Bedingungen zur Lösung dieses Problems in ihm liegen. Wenn beim Menschen die Existenz eine Aufgabe und schwierige Leistung ist, dann muss diese Leistung durch die gesamte Struktur des Menschen hindurch nachweisbar sein.

DANIEL. Das würde aber bedeuten, dass der Mensch mit keinem Tier vergleichbar ist, oder nicht?

GEHLEN. Du hast vollkommen recht. Betrachten wir in diesem Zusammenhang doch einmal die Weltoffenheit etwas näher. Sie stellt für den Menschen eine grundsätzliche Belastung dar, weil er einer *Reizüberflutung* ausgesetzt ist, die Tiere überhaupt nicht kennen. Auf den Menschen strömt jede Sekunde eine unüberschaubare Zahl von Eindrücken ein, von denen die meisten auch noch unzweckmäßig sind. Aber der Mensch muss all diese Eindrücke irgendwie bewältigen.

DANIEL. Entschuldigen Sie, wenn ich Ihre Ausführungen unterbreche, Herr Gehlen. Wollen Sie zum Ausdruck bringen, dass jedes Tier bestimmte Zeichen erkennt, auf die es entsprechend reagiert, während der Mensch sich die Zeichen erst erschließen muss?

GEHLEN. Exakt. Man muss sogar noch hinzufügen, dass jedes Tier nur über eine bestimmte Menge an Signalen verfügt, nämlich jene, die es für die Sicherung seiner Existenz benötigt. Alle anderen Signale kennt es nicht. Das ist beim Menschen anders. Ihm steht nicht eine Umwelt instinktiv nahegebrachter Bedeutungsverteilung gegenüber, sondern eine Welt. Ja, man kann sogar sagen, dass es sich um ein *Überraschungsfeld* unvorhersehbarer Struktur handelt, das erst entschlüsselt, das heißt, *erfahren* werden muss.

DANIEL. Wollen Sie zum Ausdruck bringen, dass der Mensch lernen muss, sich die Umwelt zunutze zu machen, dass er neue Mittel und Wege finden muss, seine Mängel auszugleichen?

GEHLEN. Im Prinzip hast du recht. Genauer gesagt, muss er sogar die Mängelbedingungen seiner Existenz selbstständig in Chancen seiner Lebensfristung umarbeiten. Dazu sind zwei Dinge erforderlich, nämlich *Intelligenz* und die *Fähigkeit zu arbeiten*. Das heißt, der Mensch hat den Ausfall der ihm organisch versagten Mittel selbst einzuholen, indem er die Welt ins *Lebensdienliche* umarbeitet.

DANIEL. Wie Sie bestimmt schon gemerkt haben, schätze ich Beispiele, weil sie vieles deutlicher machen.

GEHLEN. Und du möchtest, dass ich meine Ausführungen an einigen Beispielen erläutere?

DANIEL. Ja, das wäre schön.

GEHLEN. Dem Menschen sind Schutz- und Angriffswaffen organisch versagt. Auch steht ihm in keiner Weise Nahrung natürlich zur Verfügung. Er muss sowohl Waffen als auch Nahrung *präparieren*, also herstellen. Um das wiederum leisten zu können, muss er Sacherfahrungen gemacht haben und Techniken entwickeln, die zu einer sachentsprechenden Behandlung der Produkte, die er der Natur entnimmt, führen. Er benötigt Kleidung und Gebäude, die ihn vor Witterung jeder Art schützen. Er muss seine abnorm lange unentwickelten Kinder großziehen und ernähren; und er kommt nicht umhin, sich mit anderen Menschen zusammenzuschließen, weil er diese mannigfaltigen Aufgaben allein nicht bewältigen kann. Aus diesem Grund ist für ihn auch Verständigung und – damit verbunden – Sprache unentbehrlich.

DANIEL. Jetzt ist mir klar, weshalb Sie sagen, der Mensch sei mit dem Tier nicht vergleichbar, denn das Tier lebt in der *Natur* und ist Teil von ihr. Der Mensch dagegen hat keine Natur. Wenn ich mich richtig erinnere, schreiben Sie in Ihrem Buch, dass der Mensch stattdessen *Kultur* besitzt. Kultur aber ist die vom Menschen für den Menschen ins *Lebensdienliche* umgearbeitete Natur.

GEHLEN. Das hast du gut erfasst und formuliert. Ja, der Mensch wäre in einer von ihm unveränderten Welt nicht überlebensfähig. Daher gibt es auch keinen Naturmenschen im eigentlichen Sinne, weil wir keine Gesellschaft finden, in der es nicht Feuer, Waffen, Gebäude, präparierte Nahrung oder Kooperation gibt. Die *Kultur* ist einerseits die zweite Natur des Menschen oder die durch den Menschen bearbeitete Natur, in der allein er leben kann. Andererseits ist die Kultur unnatürlich, weil sie die Auswirkung eines im Gegensatz zum Tier konstruierten Wesens ist.

DANIEL. Und deshalb darf man beim Menschen – biologisch betrachtet – nicht von einer *Umwelt*, sondern nur von einer *Kulturwelt* reden.

GEHLEN. Richtig. Die Unspezialisiertheit des menschlichen Körpers entspricht deshalb der *Weltoffenheit*, und die *Mängel*, die diese Physis mit sich bringt, führen zu der von ihm geschaffenen zweiten Natur. Genau hierin liegt der Grund, weshalb der Mensch im Gegensatz zu fast allen Tieren in keinem bestimmten geographischen Gebiet lebt. Für nahezu jede Tierart gilt, dass sie in ihr konstantes *Milieu* eingepasst ist. Der Mensch dagegen ist überall auf der Erde lebensfähig, am Pol und am Äquator, auf dem Wasser und auf dem Lande, in Wäldern, Sümpfen, Gebirgen und Steppen. Ja, er kann sogar im Weltraum leben, denn auch dort gilt, dass der Mensch dann lebensfähig ist, wenn er sich eine zweite Natur schafft, in der er statt in der Natur existiert.

DANIEL. Toll. Vielen Dank, Herr Gehlen. Jetzt habe ich das dritte Kapitel Ihres Buches verstanden und weiß, was ich gleich in mein philosophisches Tagebuch schreiben werde.

GEHLEN. Es war nett, mit dir zu reden. Falls du noch Fragen hast, kannst du mich anrufen. Meine Telefonnummer hast du ja. Bis bald und alles Gute.

DANIEL. Das wünsche ich Ihnen auch und noch einmal besten Dank, dass Sie mir Ihre Theorie vom *Mängelwesen Mensch* erklärt haben.

2. Das Nützlichkeitsprinzip

Jeremy Bentham (1748–1832)
Eine Einführung in die Prinzipien der Moral und der Gesetzgebung (1789)

John Stuart Mill (1806–1873)
Der Utilitarismus (1863)

Peter Singer (geb. 1946)
Praktische Ethik (1979)

Mittwoch, 20.05.2009. 16.00 Uhr: Schulende. 17.30: Handballtraining. 23.00 Uhr: Endlich waren die Hausaufgaben erledigt.

Tim konnte wie jeden Mittwoch erst nach dem Handballtraining mit den Hausaufgaben beginnen – und ausgerechnet heute hatte er so viel auf. Zwar waren die Hausaufgaben jetzt erledigt, aber dafür war er auch müde. Einen Film hätte er sich nicht mehr anschauen können. Also legte er sich ins Bett und schloss die Augen. Seine Gedanken begannen umherzuschweifen und landeten schließlich bei dem, was ihm neben seiner Freundin und Handball die größte Freude bereitete, der Philosophie.

Wie schon in den letzten Wochen, so hatten sie auch heute in der Schule über den Utilitarismus *gesprochen. Vor seinen Augen tauchte das Wort* utilis *auf.* Utilis *– das wusste Tim noch – bedeutet ›brauchbar‹, ›vorteilhaft‹ oder ›nützlich‹.* Utilitarismus *könnte man demnach mit »Nützlichkeitsstreben« übersetzen. Die lateinischen und deutschen Begriffe wurden vor seinen Augen größer und größer und kamen bedrohlich auf ihn zu. Dann verschluckten sie ihn regelrecht. Tim fiel in einen schwarzen Tunnel. Alles begann sich um ihn zu drehen, während er immer weiter fiel.*

Plötzlich, am Ende des Tunnels, nahm er zuerst Licht wahr, dann sah er eine Stadt. Unsanft landete er auf Pflastersteinen und wäre beinahe von einem Pferdekarren überfahren worden. Tim rollte sich zur Seite und hörte, wie der Kutscher ihn um Entschuldigung bat. Vom Sturz noch leicht benommen, nahm er aber dennoch wahr, dass der Kutscher ihn auf Englisch ansprach und die Stadt anders aussah als die Stadt, in der er wohnte, und dass auch die Menschen anders gekleidet waren, als er es gewohnt war. Wo war er? Die Frage beantwortete sich schnell von selbst, als ein gut gekleideter Mann ihm aufzustehen half. Das Gesicht des Mannes hatte Tim erst vor Kurzem gesehen – aber wo? Und dann fiel es ihm ein. Dieses Gesicht kannte er aus seinem Philosophiebuch. Innerhalb von Sekundenbruchteilen wurde ihm klar: Er musste eine Zeitreise gemacht haben und war im London des 18. Jahrhunderts gelandet. Der Mann, der ihm half, konnte kein anderer sein als Jeremy Bentham, der Vater der utilitaristischen Theorie. Dankend ergriff Tim die Hand des Mannes, stand auf und betrachtete sein Gegenüber noch einmal genau.

TIM *[etwas zögerlich]*. Sind Sie Jeremy Bentham?

BENTHAM *[erstaunt]*. Ja, das bin ich. Woher kennst du mich? Du bist nicht von hier. Das sehe ich schon an deiner Kleidung und erkenne ich an deinem Englisch.

TIM *[mittlerweile gefasst]*. Das ist zu kompliziert zu erklären und hält im Moment nur auf. Aber wenn Sie etwas Zeit haben, würde ich mich gerne mit Ihnen über Ihre Vorstellungen vom Utilitarismus unterhalten.

BENTHAM. Für jemanden, der sich mit meiner Theorie beschäftigt, habe ich immer Zeit. Komm, wir können uns da vorn im Park auf eine Bank setzen.

TIM. Mr. Bentham, Sie beginnen Ihre Theorie, die Sie in

Ihrem Hauptwerk *Eine Einführung in die Prinzipien der Moral und der Gesetzgebung* ausbreiten, damit, dass Sie sagen, Leid und Freude würden die Menschen beherrschen.

BENTHAM. Das ist ja auch so. Du kannst das jeden Tag beobachten. Freude und Leid sagen jedem Menschen, was er tun soll, und bestimmen, was er tun wird. Man kann auch sagen, dass man an ihnen den Maßstab für *richtig* und *falsch* festlegen kann bzw. dass von ihnen die Kette der Ursachen und Wirkungen ausgeht.

TIM. Was Sie sagen, heißt dann doch, dass die Menschen ihre Handlungen darauf ausrichten, möglichst viel Freude zu erfahren und wenig Leid auf sich zu nehmen.

BENTHAM. Genau. Deshalb habe ich den Begriff *Nützlichkeit* ja auch sowohl positiv als auch negativ definiert. Die positive Auslegung des Begriffs besagt, dass durch Handlungen Gewinn, Vorteil, Freude, Gutes oder Glück hervorgebracht werden soll, während die negative Variante zum Ausdruck bringt, dass es gilt, Unheil, Leid, Böses oder Unglück zu vermeiden.

TIM. Aber das stimmt doch mit den Aussagen der Hedonisten überein. Bei Aristipp und Epikur geht es doch nur darum, dass wir Freude erfahren bzw. Leid vermeiden können.

BENTHAM. Na ja, ich gebe zu, dass meine Theorie durchaus hedonistische Züge aufweist. Aber es gibt einen großen Unterschied, denn bei den Hedonisten steht die Freude des Individuums im Vordergrund, während ich den Anspruch erhebe, dass es nicht um den Einzelnen geht, sondern um das Interesse der Gemeinschaft.

TIM. Wenn ich Ihre Theorie richtig verstanden habe, dann gehen Sie aber doch vom Individuum aus, oder?

BENTHAM. Aber das muss ich doch. Eine Gemeinschaft ist lediglich ein fiktiver Körper, der sich aus Einzelpersonen zusammensetzt. Da ein Individuum innerhalb einer Gemeinschaft sich nur für jene Dinge interessiert, die ihm förderlich sind, folgt daraus, dass das Interesse der Gemeinschaft die Summe der Interessen der unterschiedlichen Individuen darstellt, aus denen sie sich zusammensetzt.

TIM. Und aus diesen Voraussetzungen ziehen Sie nun Ihre Schlussfolgerungen, nicht wahr?

BENTHAM. Richtig. Es gibt insgesamt drei Schlussfolgerungen, wobei die erste Schlussfolgerung das Individuum betrifft: Eine Handlung eines Individuums entspricht dann dem Prinzip der Nützlichkeit oder des Utilitarismus, wenn die Tendenz einer Handlung größer ist, sein eigenes Glück zu vergrößern, als die Tendenz einer Handlung, welche sein Glück verringern würde.
Die zweite Schlussfolgerung betrifft die Gemeinschaft: Eine Handlung entspricht dann dem Prinzip der Nützlichkeit, wenn die Tendenz einer Handlung größer ist, das Glück der Gemeinschaft zu vermehren, als die Tendenz einer Handlung, welche das Glück der Gemeinschaft verringern könnte.
Die dritte Schlussfolgerung betrifft schließlich die Regierung eines Landes. Eine Handlung einer Regierung entspricht dann dem Prinzip der Nützlichkeit, wenn die Tendenz ihrer Handlung größer ist, das Glück des Einzelnen zu vergrößern, als die Tendenz einer Handlung, das Glück des Individuums zu verringern.

TIM. Kann man aus dem, was Sie gesagt haben, ableiten, dass ein Utilitarist danach handeln wird, wie die Tendenz ausfällt? Was ich meine, ist Folgendes: Ein Utilitarist wird doch eine Handlung ablehnen, sofern das Glück des Individuums bzw. das Glück der Gemeinschaft verringert werden könnte, eine Handlung aber positiv bewerten, falls das Glück des Einzelnen bzw. das Glück der Gemeinschaft vermehrt werden könnte.

BENTHAM. Ausgezeichnet! Du hast meine Theorie bis jetzt vollkommen verstanden. Jetzt musst du nur noch nachvollziehen, wie das Glück des Individuums bzw. der Gemeinschaft ermittelt wird.

TIM. Wenn ich das richtig sehe, müssen wir jetzt rechnen.

BENTHAM. Ja, das ist so. Aber behalte bitte im Auge, dass es mir mit dem utilitaristischen Ansatz nicht um das Glück des Individuums, sondern um das der Gemeinschaft geht. Eine Regierung soll nämlich Freude bei ihren Untergebenen hervorrufen und ein Leiden des Volkes vermeiden. Eine Regierung wird nur dann ihrem Auftrag gerecht, wenn die Bürger ihre Interessen vertreten sehen oder Umstände, durch die sie Leid erfahren mussten, abgestellt werden. Aus diesem Grund ist es für eine Regierung wichtig zu ermitteln, was die Individuen unter Freude und Leid verstehen. Erst wenn der Gesetzgeber diese kennt und sie zudem noch als Werte auffasst, werden sie zu Instrumenten, die als Machtpotenzial berechnend eingesetzt werden können.

TIM. Deshalb müssen wir jetzt zuerst den Wert einer Freude bzw. eines Leids für den Einzelnen bestimmen.

BENTHAM. Genau. Dabei spielen zunächst einmal vier Kriterien eine Rolle, und das erste Kriterium, das ich anführe, ist die *Intensität.*

TIM. Darunter verstehen Sie wohl die *Stärke*, *Wirkung* und *Nachhaltigkeit* einer Freude oder eines Leids. Anders gesagt, es handelt sich bei der *Intensität* um ein subjektives Gefühl, weil jeder Mensch eine Freude oder ein Leid anders wahrnimmt. Richtig?

BENTHAM. Das hast du sehr gut ausgedrückt. Vielleicht kannst du mir dann auch sagen, wie es sich mit der *Dauer*, dem zweiten Kriterium, verhält.

TIM. Damit meinen Sie, wie lang das Gefühl einer Freude oder eines Leids bei einem Menschen anhält.

BENTHAM. Auch das hast du richtig erfasst. Hinzu kommen jetzt noch *Gewissheit und Ungewissheit* sowie die *Nähe oder Ferne* einer Freude oder eines Leids.

TIM. Meines Erachtens stellen Sie hier zum einen die Frage, mit welcher Sicherheit ein Handelnder sagen kann, ob er tatsächlich Freude oder Leid bewirken wird; und dies bezeichnen Sie als *Gewissheit* bzw. *Ungewissheit.* Zum anderen ziehen Sie ins Kalkül, ob die Freude oder das Leid zeitlich unmittelbar bevorsteht oder sich zeitlich noch gar nicht bestimmen lässt. Und das nennen Sie *Nähe oder Ferne*.

BENTHAM. Du beeindruckst mich mehr und mehr, denn deine Auslegungen meiner Gedanken treffen immer ins Schwarze. Um die Tendenz einer Handlung für ein Individuum abschließend beurteilen zu können, müssen noch zwei weitere Aspekte berücksichtigt werden, nämlich einerseits die *Folgeträchtigkeit* und andererseits die *Reinheit* von Freude und Leid. Im ersten Fall geht es darum zu bestimmen, wie wahrscheinlich es ist, dass auf eine Empfindung eine Empfindung derselben Art folgt, im zweiten Fall um die Wahrscheinlichkeit, dass auf eine Empfindung nicht eine gegenteilige Empfindung folgt.

TIM. Vielleicht lassen sich Ihre Ausführungen ja an einem Beispiel verdeutlichen?

BENTHAM. Möchtest du eins aufzeigen oder soll ich es tun?

TIM. Vielleicht lassen Sie es mich versuchen. Stellen wir uns einmal vor, ich würde harte Drogen konsumieren. Ich mag vielleicht beim ersten oder zweiten Mal Wunderbares erleben, aber eben nicht auf Dauer. Schon nach kurzer Zeit müsste ich feststellen, dass ich die Drogen benötige, um so zu sein, wie jeder mich kennt. Die Drogen fügen mir also einen Schaden – oder mit Ihren Worten: ein Leid – zu. Zur Folgeträchtigkeit kann daher gesagt werden, dass auf unser Beispiel bezogen keine Empfindung derselben Art (also Glück) folgt, sondern genau dessen Gegenteil (nämlich Leid) eintritt. Ebenso weist die Tendenz der Handlung keine Reinheit auf, weil auf die Empfindung *Glück* die gegenteilige Empfindung *Leid* folgt. Für mich als Individuum kann das nur bedeuten, dass ich harte Drogen niemals anrühren sollte, weil sie nicht nur auf lange, sondern sogar schon auf kurze oder mittelfristige Sicht zu dem führen, was ich vermeiden möchte, nämlich Leid.

BENTHAM. Das ist ein gut gewähltes Beispiel. Du verdeutlichst hier, wie man Leid vermeiden kann, wenn man sich die Folgen einer Handlung vor Augen hält.

TIM. Dass es sich nicht lohnt, Drogen zu konsumieren, lässt sich sogar schon durch Ihre ersten vier Kriterien belegen: Die mögliche Freude am Drogenkonsum ist nicht nachhaltig, denn wenn mir zu Beginn das, was ich durch die Einnahme von Drogen erfahre, gefällt, so möchte ich wahrscheinlich schnell wieder darauf zurückgreifen. Kurz gesagt: Die *Intensität* schwächt nach nicht allzu langer Zeit ab. Deshalb kann Ihr zweites Kriterium, die *Dauer*, von der Intensität eigentlich nicht getrennt werden. In unserem Fall bedeutet das, dass die Wirkung der Drogen nicht lange anhält und ich erneut Drogen konsumieren muss, um die gemachte Erfahrung zu wiederholen. Hinzu kommt, dass ich keine *Gewissheit* habe, dass sich die ersten positiven Erfahrungen wiederholen. Viel wahrscheinlicher ist es sogar, dass die positiven Erfahrungen in negative umschlagen.

BENTHAM. Gut. Du hast soeben dargestellt, wie sich Freude bzw. Leid für ein Individuum berechnen lässt. Aber ich habe vorhin gesagt, dass mir nicht so sehr der einzelne Mensch wie die Gemeinschaft am Herzen liegt.

TIM. Na, dann versuchen wir doch die Berechnung für eine Gesellschaft anzustellen. Wenn ich mich richtig erinnere, gelten die gleichen Kriterien wie beim Individuum, allerdings kommt noch eine weitere hinzu.

BENTHAM. Das ist in der Tat so. Hier gilt es nämlich, das *Ausmaß*, das heißt die Anzahl der Personen, auf die sich die Freude oder das Leid erstreckt, zu berücksichtigen, also diejenigen, die von der Handlung betroffen sind.

TIM. Nehmen wir doch einmal den unwahrscheinlichen Fall an, dass eine Regierung eine Steuersenkung in Betracht zieht. Da von dieser Annahme all diejenigen betroffen sind, die Steuern zahlen, das Ausmaß der Entscheidung für diese Menschen eventuell groß sein kann, die Tendenz, dass Freude und nicht Leid überwiegt, mehr als wahrscheinlich ist und dies angenommenermaßen auch noch zum Vorteil des Volkes dient, dürfte wohl eine große Mehrheit der Steuerzahler eine solche Vorgehensweise einer Regierung unterstützen.

BENTHAM. Auch dieses Beispiel ist sehr richtig gewählt. Du hebst hervor, dass die meisten Steuerzahler eine solche Handlung begrüßen, aber wahrscheinlich – aus welchen Gründen auch immer – nicht alle.

Um eine allgemeine Tendenz einer Handlung zu berechnen, durch die die Interessen einer Gemeinschaft betroffen sind, muss man wieder vom Individuum ausgehen. Jeder Einzelne muss nämlich für sich Folgendes bestimmen: *den Wert jeder erkennbaren Freude, die von ihm in erster Linie hervorgebracht zu sein scheint*. Das Gleiche muss auch für das Leid bestimmt werden. Des Weiteren muss auch *der Wert jeder Freude ermittelt werden, der von ihr in zweiter Linie hervorgebracht zu sein scheint*, weil auf diese Weise die *Folgeträchtigkeit* der ersten Freude und die Unreinheit des Leids begründet wird. Natürlich muss diese Bestimmung auch umgekehrt für das Leid vorgenommen werden.

Nun kann man auf der einen Seite die Werte aller Freuden und auf der anderen Seite die Werte aller Leiden addieren. Überwiegt die Seite der Freude, dann ist die Tendenz der Handlung im Hinblick auf die Interessen dieser Person insgesamt gut, überwiegt dagegen die Seite des Leids, dann ist die Tendenz insgesamt schlecht.

Im nächsten Schritt muss bestimmt werden, wie viele Personen insgesamt von der Maßnahme betroffen sind. Sie alle haben für sich berechnet, ob es sich für sie um eine positive oder negative Maßnahme der Regierung handelt.

Schließlich muss noch Bilanz gezogen werden, indem man die Werte all der Individuen, die betroffen sind, zusammenzählt, um zu erfahren, ob es sich insgesamt um eine gute oder schlechte Tendenz der angestrebten Handlung handelt.

TIM. Mir scheint, dass es sich um ein recht umständliches

Verfahren handelt, das nicht für jede einzelne Handlung durchgeführt werden kann.

BENTHAM. Ich erwarte ja gar nicht, dass dieses Verfahren vor jedem moralischen Urteil oder jeder gesetzlichen oder richterlichen Tätigkeit streng durchgeführt wird. Aber wenn man dies immer im Blick hat, dann kann sich dieses Verfahren dem Rang eines exakten Verfahrens annähern. Aus diesem Grund bin ich der Überzeugung, dass meine Theorie weder ungerechtfertigt noch nutzlos ist. In meiner Lehre ist nichts anderes enthalten als das, was der Handlungsweise der Menschen, sofern sie sich über ihre Interessen im Klaren sind, vollkommen entspricht.

TIM. Oh, mein Gott! Mir ist übel. Alles dreht sich um mich herum. Nein! Nicht wieder dieser Tunnel.

Tim fiel erneut in einen schwarzen Tunnel und landete ein weiteres Mal unsanft auf Pflastersteinen. Der Ort, an dem er landete, kam ihm bekannt vor: London! Zwar waren die Menschen etwas anders gekleidet, es gab einige neue Bauwerke, aber sonst hatte sich im Grunde nichts geändert. Tim stand auf und ging in Richtung des Parks, in dem er sich mit Jeremy Bentham unterhalten hatte. Bald wurde ihm klar, dass er wieder durch die Zeit gereist war, aber nicht weiter in die Vergangenheit, sondern näher an seine Gegenwart heran. Als er um eine Straßenecke bog, stieß er mit einem Mann zusammen.

TIM. Verzeihung. Das war keine Absicht. Ich hoffe, es ist Ihnen nichts … *[Er schaute sich den Mann genau an.]* Entschuldigung, kann es sein, dass ich Sie kenne?

MILL. Ich wüsste nicht, woher.

TIM. Sie sind John Stuart Mill, nicht wahr?

MILL. Ja, das stimmt. Woher …

TIM. Verzeihen Sie, dass ich Sie unterbreche, aber ich möchte mich kurz vorstellen. Ich heiße Tim und interessiere mich für den Utilitarismus. Wenn Sie etwas Zeit hätten, könnten wir uns über Ihre Auffassung vom Utilitarismus unterhalten.

MILL. Hm, eigentlich ist es sowieso Zeit für eine Tasse Tee. Also, wenn du magst, lade ich dich ein.

TIM. Das ist sehr nett von Ihnen. Und besten Dank für die Einladung. Herr Mill, können Sie mir auf dem Weg zur Teestube schon einmal erklären, worin der Unterschied zwischen Ihrer und Jeremy Benthams Vorstellung vom Utilitarismus besteht?

MILL. Das lässt sich recht einfach beantworten. Mein Onkel Jeremy vertrat einen quantitativen Utilitarismus, während ich davon überzeugt bin, dass nur ein qualitativer Utilitarismus erfolgreich sein kann.

TIM. Das ist mir noch nicht klar. Vielleicht wird es deutlicher, was Sie darunter verstehen, wenn Sie erst einmal Ihre Sicht vom Prinzip des größten Glücks darstellen.

MILL. Zunächst einmal unterscheide ich zwischen Handlungen, die moralisch richtig sein können, und Handlungen, die verwerflich sind. Falsch sind all jene Handlungen, die Unglück hervorrufen, während umgekehrt solche Handlungen richtig sind, die Glück erzeugen. *Unglück* ist demnach einerseits das *Fehlen von Lust* und andererseits *Unlust*. Beides ist nicht erstrebenswert, während *Lust* und das *Freisein von Unlust* erstrebenswerte Ziele sind, weil sie *Glück* bedeuten. Daher ist alles, was in sich lustvoll ist, sowie alles, was in irgendeiner Weise zur Beförderung von Lust bzw. zur Vermeidung von Unlust beiträgt, wünschenswert.

TIM. Wenn ich Sie richtig verstehe, dann ist z.B. Sex lustvoll und fördert meine Freude, mein Glück.

MILL. Du denkst wie die meisten Menschen. Aber genau das meine ich *nicht*. Mit Lust ist nicht allein die sexuelle

Lust gemeint, denn dann wäre der Mensch ja nicht besser als ein Schwein oder ein anderes Tier, das nur nach seinen Lüsten, seinen Trieben lebt.
Übrigens ist genau dieser Vorwurf schon den Anhängern des griechischen Philosophen Epikur gemacht worden. Die Epikureer haben darauf geantwortet, dass nicht sie, sondern ihre Ankläger die menschliche Natur in einem entwürdigenden Licht erscheinen ließen, da die Anklage bedeute, dass der Mensch zu keiner anderen Lust fähig sei als der, zu der auch Schweine fähig sind.

TIM. Was soll das heißen?

MILL. Na, das liegt doch auf der Hand. Man muss anerkennen, dass es unterschiedliche Arten von Freude gibt. Einige davon sind wünschenswerter und wertvoller als andere. Daher kommt es nicht ausschließlich auf die Quantität einer Freude an. Vielmehr muss neben der Quantität auch noch die Qualität Berücksichtigung finden.

TIM. Können Sie das an einem Beispiel erläutern?

MILL. Stell dir vor, man könnte sich in ein Tier verwandeln. Würdest du dich verwandeln wollen?

TIM. Das kommt darauf an. Für kurze Zeit wäre das bestimmt ein Spaß.

MILL. Das ist nicht das, was ich meine. Was ich dich bitte, dir vorzustellen, ist Folgendes: Jetzt bist du ein Mensch, aber du kannst dich zu irgendeinem Zeitpunkt deines Lebens entscheiden, von nun an, bis zu deinem Tod, als Tier zu leben. Du würdest dann auch alle Freuden, die ein solch sinnliches Leben mit sich bringt, auskosten dürfen. Würdest du diesen Tausch eingehen?

TIM. Ich glaube nicht.

MILL. Das habe ich mir gedacht. Wenn man einem Menschen die Wahl lässt, zwischen zwei Freuden zu entscheiden, wobei die eine reine *Sinnlichkeit* verkörpert, die andere die *Freude des Verstandes*, so würden sich nur sehr wenige Menschen für ein Leben, das auf der Freude der reinen Sinnlichkeit basiert, entscheiden.

Ganz anders sieht dies in Bezug auf ein Leben aus, das die Freuden des Verstandes bereithält.

TIM. Und welche Gründe spielen eine Rolle für diese Wahl?

MILL. Die Menschen ziehen ein Leben vor, das die Freuden des Verstandes als Grundlage hat, obwohl sie wissen, dass alles Glück, das sie in der Welt erfahren können, unvollkommen ist. Sie ziehen dieses unvollkommene Leben vor, weil es qualitativ höherwertig ist als ein zufriedenes, quantitativ erlebnisreiches Leben. Der Grund hierfür liegt in dem Umstand begründet, dass der Mensch gelernt hat, die Unvollkommenheiten zu ertragen und mit ihnen zu leben. Folglich beneidet der Mensch die Tiere ja auch nicht, die sich ihrer Unvollkommenheit nicht einmal bewusst sind und sich keine Vorstellung von den Vollkommenheiten machen können, denn sonst würde er ja mit ihnen tauschen wollen. Und jetzt kannst du auch meinen Ausspruch verstehen, der so häufig – aber oft auch falsch – zitiert wird: »Es ist besser, ein unzufriedener Mensch zu sein, als ein zufriedengestelltes Schwein.«

TIM. Wenn ich Sie richtig verstehe, dann sagen Sie, das Tier kennt nur eine Seite des Lebens, nämlich die der Sinnlichkeit, weil es keine Vernunft besitzt. Der Mensch hingegen kennt beide Seiten und würde sich, wenn er wählen müsste, für die Freuden des Verstandes entscheiden, weil sie für ihn letztlich einen größeren Genuss, ein größeres Glück darstellen.

MILL. Ja, sofern sich die Mehrheit dafür entscheidet. Aber das wird so sein, denn wir haben ja festgestellt, dass sich der überwiegende Teil der Menschheit für die Freuden des Verstandes entscheidet, weil sie qualitativ höherwertiger einzustufen sind als die sinnliche Lust.

TIM. Das habe ich verstanden. Aber mir ist noch nicht klar, worauf Ihre Theorie zielt.

MILL. Das will ich dir erklären. Onkel Jeremy hatte – wie du vielleicht weißt – nicht das Glück des Einzelnen, sondern das Glück der Gemeinschaft im Visier. Damit hat er durchaus etwas Richtiges vor Augen gehabt; und ich folge ihm in diesem Punkt. Ich behaupte nämlich, dass das Glück der utilitaristische Maßstab des moralisch richtigen Handelns ist.

TIM. Aha!

MILL. Unter Glück verstehe ich nicht das Glück eines Handelnden selbst, sondern das Glück aller Betroffenen. Der Handelnde muss zwischen *seinem (persönlichen) Glück* und dem *Glück der anderen* zu unterscheiden wissen.

TIM. Das kenne ich. Das hört sich nach der von Thomas Hobbes aufgestellten *Goldenen Regel* an.

MILL. Um Gottes willen, nein! Erstens hat Hobbes die Goldene Regel nicht aufgestellt, denn man kann sie schon seit Jahrtausenden in allen Kulturen finden. Und zweitens findest du bei Hobbes die negative Variante der Goldenen Regel, die besagt, dass du das nicht tun sollst, von dem du nicht willst, dass andere es dir antun.

Ich dagegen gehe von der positiven Formulierung – wie du sie im Neuen Testament bei Lukas 6,31 findest – aus. Sie besagt, dass man sich dem anderen gegenüber so verhalten soll, wie man selbst möchte, dass der andere sich einem gegenüber verhält.

TIM. Und wie können die Menschen dieses Ideal erreichen, das dem *Kategorischen Imperativ* von Kant ähnelt?

MILL. Es zu erreichen wird wohl unmöglich sein, aber die Menschen können sich dem Ideal annähern.

TIM. Und wie?

MILL. Der Utilitarismus fordert in diesem Zusammenhang zwei Dinge: 1. Gesetze und gesellschaftliche Verhältnisse sollen das Glück bzw. die Interessen des Einzelnen mit dem Interesse des Ganzen, der staatlichen Gemeinschaft, in Übereinstimmung bringen. 2. Erziehung und öffentliche Meinung sollen ihren Einfluss darauf verwenden, dass es bei allen Individuen zu einem gewohn-

heitsmäßigen Handlungstrieb wird, dass es keinen Unterschied mehr gibt zwischen dem eigenen Wohl und dem Wohl bzw. Glück aller.
Damit will ich zum einen sagen, dass jeder auf jeden Rücksicht nehmen soll. Dies muss erlernt werden, weshalb es der Erziehung bedarf. Zum anderen soll ausgeschlossen werden, dass ein Einzelner gegen das Wohl der Allgemeinheit handelt, was etwa durch Gesetze geregelt werden kann. Auf diese Weise kann das Glück durch moralisch richtiges Handeln von allen für alle erreicht werden.

TIM. Nein! Nicht schon wieder!

Erneut begann sich um Tim alles zu drehen, und ein weiteres Mal sauste er durch den Tunnel. Doch dieses Mal schlug er nicht auf Pflastersteinen auf, sondern landete weich auf einem Rasen. Die Menschen um ihn herum waren jung, waren meist mit Jeans und T-Shirts bekleidet, lachten und trugen Bücher unter ihren Armen. Auch hier hörte Tim die Menschen Englisch sprechen, aber sie hatten einen anderen Akzent als in London.

Tim machte sich auf den Weg, und bald fand er ein Schild, das ihm verriet, wo er war: Princeton University. Er war in New Jersey in den USA gelandet. Na, wenn er schon hier war, konnte er auch die Philosophische Fakultät aufsuchen, um zu sehen, wer hier lehrte. Schon bald hatte er sie gefunden und sah auf einer großen Tafel die Namen der Professoren angeschlagen. Unter ihnen befand sich auch der Name Peter Singer, der sein Büro in der Marx Hall *des* Center of Human Values *hatte. Singer? Ob das der australische Utitilarist Peter Singer war? Konnte es sein, dass er auf seiner ungewöhnlichen Reise einem dritten Vertreter des Utilitarismus begegnete? Vielleicht, dachte Tim, habe ich ja Glück und er hat etwas Zeit für mich. Tim klopfte an die Tür von Peter Singers Büro.*

TIM. Entschuldigen Sie. Sind Sie Peter Singer?

SINGER. Ja, der bin ich. Was kann ich für dich tun?

TIM. Nun ja, ich bin neu hier und weiß, dass Sie eine spezielle Form des Utilitarismus lehren. Darüber würde ich mich gerne mit Ihnen unter halten.

SINGER. Du hast Glück. Im Moment habe ich ein wenig Zeit, dir meine Theorie vom *Präferenzutilitarismus* zu erklären.

TIM. Prima. Wie definieren Sie denn den Präferenzutilitarismus?

SINGER. Langsam, langsam, junger Freund. Zunächst einmal sollten wir uns die Voraussetzungen anschauen, die zum Präferenzutilitarismus führen.
Die erste Voraussetzung lautet: Indem ich akzeptiere, dass moralische Urteile von einem universalen Standpunkt aus getroffen werden, akzeptiere ich gleichzeitig, dass meine eigenen Interessen nicht einfach deshalb, weil sie meine Interessen sind, mehr zählen als die Interessen von irgendeinem anderen.
Die zweite Voraussetzung heißt: Wie jedes moralisch denkende Lebewesen besitze auch ich das natürliche Bestreben, dass zunächst für meine eigenen Interessen gesorgt wird. Aus diesem Grund versucht natürlich jedes Lebewesen, seine eigenen Interessen auf die Interessen von anderen moralisch denkenden Lebewesen auszudehnen.
Die dritte Voraussetzung schließlich besagt: Da ich ein moralisch denkendes Wesen bin, erkenne ich, dass meine eigenen Interessen nicht einfach aus dem Grund, weil sie meine eigenen sind, mehr zählen als die Interessen anderer. Für jede moralische Entscheidung muss ich daher Folgendes überlegen: a) Ich habe die Interessen aller zu

berücksichtigen, die von meiner Entscheidung abhängig sind; und b) ich habe jenen Handlungsverlauf zu wählen, von dem am wahrscheinlichsten ist, dass er die Interessen aller Betroffenen in maximalem Umfang bedient.

TIM. Und die Schlussfolgerung, die Sie aus den Voraussetzungen ziehen, lautet dann: Ich muss den Handlungsverlauf wählen, der unter dem Strich die besten Konsequenzen für alle Betroffenen hat.

SINGER. Deine Folgerung ist vollkommen richtig. Nachdem jetzt die Voraussetzungen geklärt sind, können wir zur Definition von *Präferenzutilitarismus* kommen. In den drei Voraussetzungen sind die Präferenzen der einzelnen Betroffenen berücksichtigt worden, also genau das, was jedes dieser Individuen bei einer moralischen Handlung bevorzugt. *Präferenz* stammt nämlich vom lateinischen *praeferre* und bedeutet ›vorziehen‹. Im Englischen ist dieser Begriff erhalten geblieben, denn *prefer* kann ›vorziehen‹, ›lieber mögen‹ oder ›bevorzugen‹ heißen.

TIM. O. K., das ist logisch und leicht nachvollziehbar. Aber worin besteht denn der Unterschied zum *quantitativen Utilitarismus* von Bentham und zum *qualitativen Utilitarismus* von Mill?

SINGER. Benthams und Mills Theorien können zusammengefasst auch als *Klassischer Utilitarismus* bezeichnet werden. Der Präferenzutilitarismus unterscheidet sich dahingehend vom Klassischen Utilitarismus, dass er 1. immer die *besten Konsequenzen* für alle Betroffenen im Blick hat, wie du vorhin selbst festgestellt hast; dass er 2. nicht nur das fördert, was Lust mehrt und Leid verringert, und 3. nicht nur auf eine Maximierung der Lust und Minimierung von Leid zielt. Vielmehr werden 4. Handlungen danach beurteilt, ob sie mit den Präferenzen der von den Handlungen oder ihren Konsequenzen betroffenen Wesen übereinstimmen.

TIM. Das hört sich sehr ökonomisch an.

SINGER. Ja, ja, deshalb wird der Präferenzutilitarismus

manchmal auch als *Ökonomischer Utilitarismus* bezeichnet, aber ich halte diesen Begriff für unzutreffend.

TIM. Jetzt haben wir ja wohl die theoretischen Grundlagen erarbeitet. Doch ich habe noch nicht verstanden, welche Bedeutung der Präferenzutilitarismus für das Leben hat. Können wir dies anhand eines Beispiels deutlich machen?

SINGER. Natürlich. Eine Handlung, die der Präferenz eines Wesens entgegensteht, muss durch entgegengesetzte Präferenzen ausgeglichen werden, da sie sonst moralisch falsch ist.

TIM. Das ist doch kein Beispiel!

SINGER. Konkret heißt das beispielsweise, es ist unrecht, eine Person zu töten, die es vorziehen würde zu leben.

TIM. Ach so. Sie meinen, die Handlung, also hier das Töten einer Person, steht dem, was die Person vorzieht, was ihre Präferenz ist, entgegen, nämlich, dass die Person lieber leben möchte. Da die Präferenz ›leben wollen‹ nicht durch eine entgegengesetzte Präferenz ausgeglichen wird, ist die Handlung, die in unserem Fall ›das Töten einer Person, die eigentlich lieber leben würde‹, lautet, unrecht.

SINGER. Das hast du gut erfasst. Hinzu kommt noch, dass es nicht entscheidend ist, dass die Person sich nach ihrem Tod nicht darüber beklagen kann, dass ihre Präferenz nicht beachtet wurde, sondern vielmehr ist entscheidend, dass ihre Präferenz ›leben zu wollen‹ vereitelt wurde.

TIM. Verstanden. Aber worauf läuft Ihre Theorie eigentlich hinaus?

SINGER. Schauen wir uns doch zunächst einmal an, was für Ableitungen wir aus dem Gesagten ziehen können.

TIM. Und welche sind das?

SINGER. Ableitung 1 besagt, dass für Präferenzutilitaristen das Töten einer Person schlimmer ist als das Töten eines anderen Lebewesens. Das liegt daran, dass Personen *zukunftsorientiert* sind, während Wesen, die sich selbst nicht als *Entitäten*, also als Wesenheiten, mit einer Zukunft begreifen können, keine Präferenz in Bezug auf ihre zukünftige Existenz haben können.

TIM. Wenn ich Sie richtig verstehe, dürfen z. B. Menschen wie Sie und ich nicht getötet werden, weil wir als Menschen auf die Zukunft ausgerichtet sind, während Tiere, z. B. Hunde, Schweine oder Fische usw., durchaus getötet werden dürfen, weil sie das Kriterium »zukunftsorientiert« nicht erfüllen.

SINGER. Soweit richtig, aber noch nicht vollständig. Denn wenn eine Person getötet wird, bedeutet das, dass nicht nur eine, sondern eine Vielzahl an Präferenzen, die diese Person hat, verletzt werden. So werden z. B. alle Tätigkeiten, die das Opfer über einen bestimmten Zeitraum ausüben wollte, ad absurdum geführt.

TIM. Das kann ich einsehen. Aber es gibt doch bestimmt noch eine zweite Ableitung, oder?

SINGER. In der Tat. Wenn es Entitäten gibt, die zukunftsorientiert sind, dann gibt es auch Lebewesen, die sich nicht als Entitäten mit einer Zukunft sehen können. Bevor du nach einem Beispiel fragst: Nimm einen Fisch, der an einem Angelhaken hängt. Der Fisch wird natürlich versuchen, gegen den Angelhaken anzukämpfen. Er will sich befreien, weil sein Leben bedroht ist. Die Präferenz, um die es hier geht, ist das Aufhören eines Zustandes, der von dem Fisch als schmerzlich empfunden wird. Aber das Ankämpfen gegen den Schmerz bedeutet nicht, dass der Fisch fähig ist, seine künftige Existenz der (künftigen) Nicht-Existenz vorzuziehen.
Das Einzige, was man sagen kann, ist, dass das Verhalten des am Angelhaken zappelnden Fisches darauf hindeuten könnte, dass man Fische lieber auf eine andere Art töten sollte, z. B. schmerzfrei. Dagegen spräche kein präferenzutilitaristischer Grund.

TIM. Gut, auch das ist noch einzusehen. Aber worauf wollen Sie insbesondere mit dem, was Sie in der zweiten Ableitung ausgeführt haben, wirklich hinaus?

SINGER. Wesen, die sich selbst nicht als Entitäten mit einer Zukunft betrachten können, dürfen im Gegensatz zu Wesen, die sich als Wesenheiten mit Zukunft betrachten können, getötet werden. Wenn man diesem Grundsatz zustimmt, dann ist damit die Basis für die Rechtfertigung von Abtreibungen gelegt. Denn Embryos sind ebenso wenig wie Fische in der Lage, sich als Entitäten mit einer Zukunft zu betrachten.

TIM. – Oh, mein Gott! Es dreht sich schon wieder alles …

Tim wachte in den Armen seiner Freundin auf. Es dauerte etwas, bis er seine Umgebung erkannte. »Du kannst dir nicht vorstellen, was ich gerade erlebt habe.« – »Oh, doch, du hast sehr unruhig geschlafen und auch etwas geträumt.« – »Ja, das kannst du wohl laut sagen. Das Tollste daran ist, ich kann mich an alles erinnern.« – »Wirklich? Dann erzähl doch mal.» – »Also, es begann folgendermaßen:

Mittwoch: 20.5.2009. 16:00 Uhr: Schulende …«

3. Der kategorische Imperativ

Immanuel Kant (1724–1804)
Grundlegung zur Metaphysik der Sitten (1785)

Niklas klingelte Sturm bei seiner Freundin Claudia. »Stell dir vor, was ich heute in der Schule erlebt habe! Du wirst es nicht glauben!«

»Na, komm erst mal 'rein und setz dich. Was war denn los?« – »Unser Philolehrer hatte uns etwas Besonderes angekündigt. ›Was sollte der uns schon Besonderes bieten können?‹, haben wir alle gedacht. Da brachte er doch in der 3. Stunde einen kleinen, altmodisch gekleideten Herrn mit in die Klasse! ›Darf ich mich vorstellen, mein Name ist Immanuel Kant‹, sagte er. ›Euer Lehrer hat mir gesagt, ihr habt Probleme mit dem kategorischen Imperativ. Da dachte ich mir, ich komme am besten einmal selbst vorbei und beantworte eure Fragen.‹« Claudia schaute Niklas verdutzt an: »Das kann nicht wahr sein, Immanuel Kant ist doch schon über 200 Jahre tot.«

»Ich würde es selbst auch nicht glauben«, erwiderte Niklas, »wenn ich nicht geistesgegenwärtig die Aufnahmetaste meines MP3-Players gedrückt hätte. Bitte, hier ist der Beweis.« Er reichte ihr einen Kopfhörer. Sie hörte die Stimme Annikas.

ANNIKA. Also, ein Problem ist für mich z. B. schon dieser seltsame Begriff *kategorischer Imperativ*.

KANT. Ich gehe davon aus, dass die meisten von euch mit dem Begriff ›Imperativ‹ etwas anfangen können. Ihr habt doch wohl im Grammatikunterricht gelernt, dass ein Imperativ ein Satz ist, der eine Forderung enthält.

ANNIKA. Ja, aber was bedeutet ›kategorisch‹?

KANT. Ich unterscheide zwischen *hypothetischen* und *kategorischen Imperativen*. Unter einem hypothetischen

Imperativ verstehe ich eine Forderung, die unter einer bestimmten Bedingung gilt, beispielsweise die Forderung: Wenn du ein guter Gitarrenspieler werden willst, musst du täglich üben. Ein solcher Imperativ ist nicht unbedingt für alle Menschen gültig, sondern gilt nur unter der Voraussetzung, dass jemand überhaupt das Gitarrenspielen lernen möchte. Der kategorische Imperativ ist im Unterschied zum hypothetischen nicht an Bedingungen geknüpft, er ist also unbedingt gültig, er gilt notwendig für alle Menschen. Er formuliert ein moralisches Gesetz, das ohne jegliche Einschränkung gilt. Dieses Gesetz lautet: »Handle nur nach derjenigen Maxime, von der du zugleich wollen kannst, dass sie ein allgemeines Gesetz werde.«

MATHIS. Und was bedeutet *Maxime*?

KANT. Dieses Wort ist abgeleitet von dem lateinischen Begriff *maxima propositio*, was so viel bedeutet wie ›höchste Aussage‹. Unter Maxime verstehe ich ein subjektives Prinzip des Handelns. Das ist eine Regel, nach der jemand handelt oder zu handeln beabsichtigt. Jemand kann es sich zum Beispiel zur Maxime gemacht haben, ein Maximum an Profit zu machen. Eine solche Maxime gilt aber nur für ihn selbst, andere Menschen können andere Maximen haben. Dadurch unterscheiden sich Maximen von Prinzipien, die Gültigkeit für alle Menschen besitzen. Ein solches universales Prinzip ist der kategorische Imperativ.

INGA. Ich habe noch nicht verstanden, was ich eigentlich tun soll, wenn ich mich nach dem kategorischen Imperativ richten will.

KANT. Du sollst dir zunächst Klarheit über deine Maxime verschaffen, nach der du in einer gegebenen Situation handeln willst. Dann sollst du ein Gedankenexperiment durchführen, in dem du diese Maxime verallgemeinerst, und zwar so, dass du daraus ein allgemeines Gesetz machst. Und schließlich sollst du überprüfen, ob du dieses allgemeine Gesetz wollen kannst. Wenn du wollen kannst, dass die Maxime deines Handelns ein allgemeines Gesetz werde, dann ist dein Handeln moralisch, andernfalls nicht.

INGA. Das unterscheidet sich aber sehr von dem, was wir bisher von anderen Philosophen gelernt haben. Aristoteles ist in seiner Ethik vom Streben des Menschen nach Glückseligkeit ausgegangen.

KANT. Ja, aber ich halte diesen *eudämonistischen Ansatz* für verfehlt. Zwar streben alle Menschen nach Glückseligkeit; aber fragt man Menschen, worin sie denn ihr Glück sehen, dann erhält man sehr unterschiedliche Antworten. Der eine sieht es im Reichtum, der andere in der Selbstverwirklichung, ein Dritter in einem tugendhaften Leben. Daraus kann man kein allgemein verbindliches moralisches Gesetz ableiten. Eine allgemein verbindliche Ethik lässt sich nur auf die Vernunft gründen, auf Begriffe, die *a priori*, also unabhängig von der Erfahrung, in der Vernunft eines jeden gegeben sind.

MAXIMILIAN. Wie sind Sie denn darauf gekommen? Können Sie uns erklären, warum der kategorische Imperativ so und nicht anders lauten muss?

KANT. Das ist eine längere Geschichte. Aber wenn es euch wirklich interessiert, will ich versuchen, es zu erklären. Also, wenn man ein für alle Menschen verbindliches moralisches Gesetz sucht, dann kann man nur vom guten Willen ausgehen, denn außer dem guten Willen gibt es nichts in der Welt, das uneingeschränkt gut ist. Alles andere, was Menschen für gut halten, erweist sich bei genauer Prüfung als relativ. Nehmen wir den Verstand. Er gilt als etwas Gutes, aber er ist nicht an sich gut. Das wird spätestens dann klar, wenn man daran denkt, dass auch der Mörder einen messerscharfen Verstand benötigt, um einen perfekten Mord zu planen. Ebenso verhält es sich mit Mut, Entschlossenheit und Beharrlichkeit: Als Tugenden des Kriminalinspektors sind sie gut, als Eigenschaften des eiskalten Bankräubers äußerst schädlich. Für diese und alle weiteren Güter, die wir hier noch anführen könnten, gilt: Sie sind nicht *an sich* gut, sondern nur *unter der Voraussetzung* eines guten Willens, nur dann, wenn ein guter Wille von ihnen Gebrauch macht. Ein gutwilliger Mensch kann mit Macht sehr viel Gutes tun, aber ein böswilliger Mensch kann damit sehr großes Unheil anrichten. Also kommt es immer auf den Willen an. Nur der gute Wille ist *an sich* gut.

MAXIMILIAN. Aber das ist doch so, als wenn ich sagen würde: Eine weiße Wand ist weiß. Ich glaube, man nennt das eine Tautologie.

KANT. Zugegeben, doch immerhin habe ich damit einen Ansatz gewonnen, von dem aus ich weitergehen kann. Es stellt sich jetzt, wie du richtig erkannt hast, die Frage: Wodurch ist ein Wille gut? Ich möchte zunächst deutlich machen, wodurch er nicht gut ist: nämlich durch das, was er bewirkt, durch seine Folgen. Stellen wir uns jemanden vor, der einem anderen etwas Gutes tun möchte. Er strengt sich auch wirklich an, er bietet alle Mittel auf, aber sein Werk misslingt ihm. Niemand könnte ihn wegen dieser Erfolglosigkeit moralisch tadeln. Man könnte ihm Ungeschicklichkeit vorwerfen, aber nicht unmoralisches Verhalten: denn er hat ja im guten Willen gehandelt. Die tatsächlichen Folgen sind also für die moralische Beurteilung des Willens nicht von Bedeutung.

MAXIMILIAN. Aber wonach soll der Wille denn beurteilt werden?

KANT. Das will ich euch im Zusammenhang mit dem Begriff der Pflicht deutlich machen. Ich unterscheide pflichtwidriges und pflichtmäßiges Handeln sowie Handeln aus Pflicht. Dabei interessieren mich die Handlungen, die gegen eine Pflicht verstoßen, nicht, denn es geht ja um Moral. Mir geht es um den Punkt, dass pflicht-

mäßiges – wir können auch sagen pflicht*gemäßes* – Handeln nicht gleichbedeutend ist mit moralischem Handeln, mit Handeln *aus* Pflicht.

ANNIKA. Könnten Sie uns dafür ein Beispiel geben?

KANT. Angenommen, ein Kaufmann berechnet die Preise für seine Ware und entschließt sich, ehrlich zu sein. Er will seine Kunden, auch wenn sie unerfahren sind oder wenn es sich um Kinder handelt, nicht »über's Ohr hauen«, wie man sagt. Eine solche Handlungsweise ist pflichtmäßig; sie stimmt äußerlich mit der Pflicht überein. Das bedeutet noch lange nicht, dass sie aus innerer Übereinstimmung mit der Pflicht geschieht. Es könnte nämlich sein, dass der Kaufmann seine Kunden nicht betrügt, weil er sie sympathisch findet, weil er ihnen geneigt ist, das heißt, aus *Neigung* handelt. Denkbar wäre z. B. auch, dass er sie ehrlich behandelt, damit sie ihm nicht davonlaufen und er weiterhin mit ihnen Geschäfte machen kann, also aus einem egoistischen Motiv. In solchen Fällen geschähe die Handlung bloß pflicht*mäßig* und nicht *aus Pflicht*.

MATHIS. Verstehe ich Sie richtig, dass eine Handlung nur dann moralisch ist, wenn sie ohne alle Neigung geschieht?

KANT. Das ist ein gängiges Missverständnis meiner Ethik, das z. B. der Dichter Friedrich Schiller in dem Vers ausgedrückt hat: »Gerne dien' ich den Freunden, doch tu' ich es leider mit Neigung. Und so wurmt es mich oft, dass ich nicht tugendhaft bin.« Der Punkt ist der: Ich habe mich gefragt, woran ich erkennen kann, was den moralischen Wert einer Handlung ausmacht. Wenn bei einer Handlung Pflicht und Neigung im Spiel sind, kann ich nicht erkennen, was letztlich den moralischen Wert ausmacht. Um einen Schritt weiterzukommen, habe ich einen Fall konstruiert, in dem Pflicht gegen Neigung steht, nämlich bei einem Menschen, der lebensmüde ist, also eine Neigung hat, sein Leben zu beenden, aber es aus Pflicht, sein Leben zu erhalten, nicht tut. Hier kann man klar erkennen: Es ist das Handeln aus Pflicht, was den moralischen Wert einer Handlung ausmacht.

MAXIMILIAN. Das sehe ich ein. Aber damit ist doch noch nicht geklärt, wodurch ein Wille gut ist.

KANT. Doch, in dieser Frage sind wir nun einen Schritt weitergekommen. Jetzt können wir nämlich sagen: Ein Wille ist dann gut, wenn jemand sich aus innerer und nicht in bloß äußerer Übereinstimmung mit der Pflicht zu einer bestimmten Handlung entschließt.

MAXIMILIAN. Aber dann stellt sich ja doch die Frage, worin die Pflicht besteht.

KANT. Richtig. Pflicht besteht in der Achtung vor dem Gesetz.

DANIELA. Vor welchem Gesetz? Was ist denn damit gemeint?

KANT. Mit Gesetz meine ich hier das moralische Gesetz. Worin es besteht, wird gleich klar werden. Gesetze kennt ihr alle aus dem Bereich der Natur oder des Staates. Bei jeder Art von Gesetz kann man zwischen Inhalt und Form unterscheiden. Nehmen wir ein Naturgesetz, beispielsweise das Gravitationsgesetz. Sein Inhalt ist etwas Empirisches, etwas, das ich mit meinen Sinnen erfahren kann, nämlich die Anziehungskraft, die zwischen Massen besteht. Die Form eines jeden Gesetzes besteht in der Gesetzmäßigkeit, damit meine ich, dass der Inhalt als etwas allgemein Gültiges gesetzt wird. In unserem Beispiel besteht die Form des Gesetzes darin, dass die Anziehungskraft für *alle* Massen gilt.

SARAH. O. K., und was hat das mit der Ethik zu tun?

KANT. Wenn wir fragen, worin das Gesetz besteht, das wir achten sollen, damit unser Wille gut ist, dann müssen wir an diese Unterscheidung zwischen Inhalt und Form anknüpfen. Um den *Inhalt* des moralischen Gesetzes zu bestimmen, müssten wir auf etwas Empirisches zurückgreifen, das von allen Menschen als gut erachtet wird. Nun haben wir uns aber am Anfang klargemacht, dass keines der sogenannten Güter *an sich* gut ist, sondern nur unter Bezug auf den guten Willen gut genannt werden kann. Also ist es offensichtlich unmöglich, einen empirischen Inhalt für das moralische Gesetz festzulegen. Damit bleibt nur noch die Möglichkeit, das moralische Gesetz über seine Form zu bestimmen. Das bedeutet: Wir müssen von den existierenden Handlungsgrundsätzen, den Maximen, ausgehen und überprüfen, ob diese die Form der Gesetzmäßigkeit annehmen können.

MAXIMILIAN. Jetzt geht mir ein Licht auf: Damit wären wir beim kategorischen Imperativ angekommen: »Handle nur nach derjenigen Maxime, von der du zugleich wollen kannst, dass sie ein allgemeines Gesetz werde!«

KANT. So ist es. Damit wäre der kategorische Imperativ hergeleitet.

SARAH. Wenn ich das richtig verstehe, ist der kategorische Imperativ so etwas wie die Goldene Regel. Ich soll überlegen, was wäre, wenn alle so handeln, wie es meine Absicht ist. Und wenn ich die Folgen davon nicht verantworten kann, soll ich es nicht tun.

KANT. Nein, da hast du mich gründlich missverstanden. Eben das ist nicht gemeint. Ich habe ja deutlich gemacht, dass es in meiner Ethik nicht um die Beurteilung der Folgen einer Handlung geht. Ob eine Maxime moralisch ist, hängt nicht davon ab, ob die Folgen für den Handelnden oder für die Allgemeinheit wünschenswert sind, sondern davon, ob ich sie als vernünftiges Wesen wollen kann, das heißt, ob ich die Maxime verallgemeinern kann, ohne dass sich ein Widerspruch ergibt.

SARAH. Was heißt denn nun der Ausdruck »wollen können« in Ihrem kategorischen Imperativ genau? Wann kann ich aus Ihrer Sicht etwas wollen und wann nicht?

KANT. Kriterium dafür, ob ich etwas wollen kann oder nicht, ist die Vernunft. Mein Anliegen ist es ja, wie schon gesagt, die Ethik auf die reine Vernunft zu gründen. Was sich widerspricht, kann nicht vernünftig sein. Also müssen wir überlegen, ob sich die Verallgemeinerung der

Maxime widerspruchslos durchführen lässt oder ob sich dabei ein Widerspruch ergibt.

SARAH. Können Sie dafür ein Beispiel geben?

KANT. Gerne. Nehmen wir an, jemand, der in eine große finanzielle Notsituation geraten ist, stellt folgende Überlegung an: »Ich müsste mir von jemandem Geld leihen. Ich werde diese hohe Summe niemals zurückzahlen können. Aber wenn ich nicht verspreche, es zu einer bestimmten Zeit zurückzuzahlen, wird mir niemand etwas leihen. Also werde ich ein falsches Versprechen abgeben.« Hier meldet sich sein Gewissen, und er fragt sich, ob sein Handeln moralisch ist. Die Maxime seines Handelns würde in diesem Falle lauten: »Immer wenn ich in Geldnot bin, leihe ich mir Geld gegen das Versprechen, es zurückzuzahlen, obwohl ich weiß, dass dies niemals geschehen wird.« Der Betreffende muss nun diese Maxime in ein allgemeines Gesetz umwandeln: »Immer wenn Menschen in Geldnot sind, sollen sie sich gegen ein falsches Versprechen Geld leihen.«

SARAH. Und wo ist da der Widerspruch?

KANT. Das ist leicht zu sehen, wenn man daran denkt, dass ein Versprechen eine Selbstverpflichtung darstellt. Ich verpflichte mich einem anderen gegenüber, das zu tun, was ich versprochen habe. Ein lügenhaftes Versprechen bedeutet, diese Verpflichtung nicht übernehmen zu wollen. So enthält das allgemeine Gesetz einerseits eine Selbstverpflichtung, nämlich das Geld zurückzuzahlen, und andererseits zugleich die Aufhebung dieser Selbstverpflichtung. Ein solches Gesetz kann ich nicht wollen, da es in sich widersprüchlich ist. Ihr seht, die vom kategorischen Imperativ geforderte Verallgemeinerung eignet sich als Gedankenexperiment zum Aufspüren von Widersprüchen in der eigenen Gesinnung.

ANDREAS. Wenn ich das richtig verstehe, werden also durch den kategorischen Imperativ keine bestimmten Inhalte für mein Handeln festgelegt.

KANT. Richtig, es handelt sich vielmehr um eine Formel,

mit deren Hilfe jeder Einzelne überprüfen kann, ob die Maxime, nach der er in einer jeweiligen Situation handeln möchte, dem Anspruch der Moralität genügt oder nicht. Wenn ihr wollt, könnt ihr diese Ethik auch *formale Ethik* nennen.

ANDREAS. Von anderen wird Ihre Ethik auch als *Pflichtethik* bezeichnet.

KANT. Ja, das hängt damit zusammen, dass ich – wie schon gesagt – Handlungen nicht nach ihren Folgen beurteile, sondern davon ausgehe, dass es unabhängig von den Folgen Verpflichtungen gibt. Übrigens besteht darin ein weiterer Unterschied zu Aristoteles, den ihr ja eben schon ins Spiel gebracht habt. Der ging von dem aus, wonach Menschen *streben*, nämlich nach dem Guten, letztlich nach der Glückseligkeit. Meine Ethik läuft darauf hinaus, dass die Vernunft mir sagt, was ich tun *soll*.

ANDREAS. Ist eine solche Pflichtethik denn nicht etwas sehr Gefährliches? Wir haben gerade im Geschichtsunterricht über Adolf Eichmann gesprochen, der im Dritten Reich einer der Hauptverantwortlichen für die Transporte der Juden in die Konzentrationslager war. Als ihm 1962 in Israel der Prozess gemacht wurde, hat er sich dadurch gerechtfertigt, nur seine Pflicht getan zu haben.

KANT. Was Eichmann unter Pflicht verstanden hat, ist etwas ganz anderes als das, was ich unter Pflicht verstehe. Eichmann hat sich verpflichtet gesehen, die Weisungen seiner Vorgesetzten, letztlich Adolf Hitlers, auszuführen. Dadurch hat er sich zum Mitschuldigen am Holocaust gemacht. Wenn ich von Pflicht rede, dann meine ich die Verpflichtungen, die aus der Achtung des moralischen Gesetzes resultieren. Es wäre absurd zu behaupten, aus dem kategorischen Imperativ ließe sich eine Pflicht zum Judenmord ableiten.

SHEILA. Ich habe in philosophischen Diskussionen auch schon einmal einen ganz anderen kategorischen Imperativ gehört, ungefähr so: »Man soll andere nicht als Mittel behandeln.« Gibt es denn zwei kategorische Imperative?

KANT. Die genaue Formulierung lautet: »Handle so, dass du die Menschheit, sowohl in deiner Person, als in der Person eines jeden anderen, jederzeit zugleich als Zweck, niemals bloß als Mittel brauchest.« Nein, das ist kein anderer kategorischer Imperativ, sondern bloß eine andere Formulierung desselben Prinzips. Ich habe mich gefragt, ob es für den Willen einen Zweck geben kann, der uneingeschränkt gültig ist. Das müsste ein Zweck sein, der keinem noch höheren Zweck dient, sondern sich selbst Zweck ist – und das ist der Mensch, der Zwecke setzt. Ich habe übrigens noch weitere Formulierungen benutzt, um den kategorischen Imperativ zu erläutern, aber die können wir hier, glaube ich, nicht alle durchsprechen. Die *Menschheits-Zweck-Formel* hat sich als besonders hilfreich erwiesen, weil sie die Würde des Menschen zum Ausdruck bringt.

SHEILA. Inwiefern? Was verstehen Sie unter Menschenwürde?

KANT. Eine Sache kann als Mittel zu beliebigen Zwecken gebraucht werden. Menschen sind aber keine Sachen, sondern Personen. Zwar kann ich auch Menschen als Mittel für meine Zwecke gebrauchen, z.B. einen Kaufmann, um mir bestimmte Lebensmittel zu verschaffen. Aber der Kaufmann geht ja nicht darin auf, Mittel für meine und anderer Leute Zweck zu sein, er ist ja zugleich jemand, der seine eigenen Zwecke verfolgt, z.B. an seinen Kunden verdienen möchte. Darin, selbst Zweck setzen zu können, in der Selbstbestimmung oder *Autonomie*, besteht eben der besondere Wert, die Würde des Menschen. Moralisch handeln wir dann, wenn wir diese Würde der Menschen respektieren; unmoralisch dagegen, wenn wir andere Menschen ausschließlich als Mittel für unsere eigenen Zwecke benutzen. Dies wäre zum Beispiel gegeben im Falle einer Freiheitsberaubung oder eines Diebstahls; dann würde ich die Person oder das Gut des anderen ausschließlich dazu benutzen, um selber Vorteile zu erlangen. Ich denke, diese *Menschheits-Zweck-Formel* kann uns insbesondere in Fragen der angewandten Ethik, z. B. bei Fragen der Sterbehilfe, der Gentherapie, Stammzellenforschung usw., wertvolle Orientierung leisten.

KEVIN. Wo Sie gerade die Wissenschaften ansprechen, fällt mir das Problem des freien Willens ein. Die Wissenschaften gehen doch davon aus, dass es für alles eine Ursache gibt. Wenn das so ist, dann wäre unser Handeln determiniert, unser Wille wäre nicht frei. Dann wäre ja jede Überlegung, ob unser Handeln moralisch ist oder nicht, sinnlos.

KANT. Da habe ich eine andere Auffassung. Ich unterscheide zwischen dem Menschen als Natur- und als Vernunftwesen. Ich stimme mit der genannten Auffassung überein, dass der Mensch als Naturwesen durch Ursachen determiniert ist. Aber als Vernunftwesen ist er frei. Die Vernunft ist in ihren Entwürfen ja eben nicht von Naturkausalität abhängig. Und der Wille ist frei, sich nach Prinzipien der Vernunft auszurichten.

KEVIN. Aber das ist doch auch eine Art von Determination, eben Determination durch Vernunft. Dann ist der Wille doch nicht frei.

KANT. Es kommt darauf an, was du unter Freiheit verstehst. Moralische Freiheit ist für mich nicht völlige Unabhängigkeit von Determination. Es geht um die Frage, wodurch der Wille determiniert ist. Lässt er sich von Neigungen und Interessen bestimmen, die in der Natur des Menschen liegen, dann ist er nicht frei. Lässt er sich aber durch die reine Vernunft bestimmen, die sich im kategorischen Imperativ ausspricht, dann ist er frei. Freiheit ist nichts anderes als Selbstgesetzgebung, Autonomie.

4. Eine Ethik für die technische Zivilisation

Hans Jonas (1903–1993)
Das Prinzip Verantwortung (1984)

MODERATOR. Willkommen zu einer neuen Folge der Sendung *Forum Philosophie*. Heute ist der deutsch-amerikanische Philosoph Hans Jonas zu Gast.
Herr Jonas, Sie sind einer der wenigen Philosophen, die nicht nur in Fachkreisen gelesen werden. Angefangen mit dem ehemaligen Bundeskanzler Helmut Schmidt, der sie in einer Bundestagsrede zitierte, haben Politiker sich seit den 1980er Jahren darin übertroffen, mit Zitaten aus ihrem Buch *Das Prinzip Verantwortung* an Ansehen und Popularität zu gewinnen. Haben Sie dafür eine Erklärung?

JONAS. Offenbar hat meine Forderung, Verantwortung für künftige Generationen zu übernehmen und die natürlichen Grundlagen unserer Existenz zu bewahren, die Menschen wachgerüttelt. Bis dahin galt ja Natur kaum als etwas, das zu erhalten ist; vielmehr haben die Menschen sie für ihre Zwecke ausgebeutet.

MODERATOR. Was hat Sie eigentlich dazu gebracht, über das Thema Technik und Natur nachzudenken?

JONAS. Seltsamerweise war es ein antiker griechischer Dichter, Sophokles, der mir das Verständnis für die Gefährdetheit der Natur vermittelt hat. In seiner Tragödie *Antigone* gibt es ein Chorlied, in dem dargestellt wird, dass sich der Mensch seinen Lebensbereich schafft, indem er ihn durch Erfindungskunst der Natur abtrotzt;

so schmiedet er den Pflug, um den Acker zu bestellen, er knüpft Netze, um Fische zu fangen, zwingt Tiere unters Joch, baut sich eine Stadt, in der es sich wohnen lässt usw. Trotz seiner ungeheuren Erfindungskunst ist die Macht des Menschen in den Augen des Griechen jedoch klein, gemessen an der Übermacht der Elemente. Die technischen Eingriffe in die Natur bleiben aus Sicht der alten Griechen oberflächlich und können ihrer zeugenden Kraft letztlich wenig anhaben. Diese Situation hat sich aber inzwischen grundlegend geändert; ich habe dafür das Bild des entfesselten Prometheus benutzt.

MODERATOR. Prometheus ist der griechische Halbgott, der den Menschen das Feuer brachte?

JONAS. Ja, damit hat er ihnen die Möglichkeit gegeben, die Kunst des Schmiedens und weitere Techniken zu entwickeln. Und er hat dies gegen den Willen des obersten Gottes, Zeus, getan. Deshalb wurde er zur Strafe am Kaukasus angekettet. Heute ist Prometheus wieder losgekettet, entfesselt; der technische Fortschritt übertrifft sich ständig selbst und ist ohne jegliches Maß, ohne Rücksicht auch auf die natürlichen Lebensgrundlagen. Die Folge ist die gegenwärtige ökologische Krise, die größte Herausforderung, die dem Menschen je aus eigenem Tun erwachsen ist. Die Verheißung der Technik ist in Bedrohung umgeschlagen.

MODERATOR. Hat das irgendwelche Konsequenzen für die Ethik?

JONAS. Wir haben die Aufgabe, eine neue Dimension der Verantwortung zu entwickeln, die außermenschliche Welt muss endlich in die Ethik einbezogen werden. Bisher galt der Umgang mit der außermenschlichen Welt, der ganze Bereich der Technik, als ethisch neutral. Die traditionellen ethischen Maßstäbe galten ausschließlich für den Umgang des Menschen mit dem Menschen. Ethik war *anthropozentrisch*, allein auf den Menschen bezogen.

MODERATOR. Gibt es dafür eine Erklärung?

JONAS. Ja, das Gefährdungspotenzial der Technik war – wie wir am Beispiel der Griechen gesehen haben – in der Vergangenheit so gering, dass dadurch kein großer und dauerhafter Schaden angerichtet werden konnte. Deshalb bedurfte es diesbezüglich keiner Regelungen. Die menschlichen Eingriffe in die Natur waren räumlich begrenzt und reichten auch nicht weit in die Zukunft hinein. Damit hängt ein weiteres Merkmal traditioneller Ethik zusammen: Sie richtete sich immer auf das Hier und Jetzt und den nächsten Umkreis des Handelnden – sie war immer *Nächstenethik*. So lauten die traditionellen Grundsätze der Ethik: »Liebe deinen Nächsten wie dich selbst«, »tue anderen, wie du wünschest, dass sie dir tun« usw. Der Handelnde und der Andere sind hier immer Teilhaber einer gemeinsamen Gegenwart.

MODERATOR. Inwiefern ist das denn ein Problem?

JONAS. Die technischen Möglichkeiten sind heute so weit entwickelt, dass die Wirkungen unseres Handelns nicht nur unseren nächsten Umkreis, sondern die ganze Erde betreffen. Denken Sie etwa an die Treibhausgase, die die Erdatmosphäre als Ganzes zu zerstören drohen. Die Auswirkungen unseres Handelns haben infolge der neuen technischen Möglichkeiten aber nicht nur eine andere räumliche Ausdehnung als früher, sondern auch eine neue Zeitqualität: sie betreffen die Zukunft der Menschheit. Die Menschen der Industrienationen leben gegenwärtig in Bezug auf Rohstoffverbrauch und Erzeugung von Abfallstoffen so, als ob sie vier Erden zur Verfügung hätten. Wenn sie so weitermachen und andere Menschen auch diesen Lebensstandard erreichen wollen, wird die Erde eines Tages unbewohnbar, und künftigen Generationen wird kein menschenwürdiges Leben auf der Erde mehr möglich sein.

MODERATOR. Wie müsste eine Ethik aussehen, die diesen Herausforderungen gerecht wird?

JONAS. Oberstes Prinzip müsste sein, dass die Wirkungen unserer Handlungen verträglich sind mit der *Perma-*

nenz, der Fortdauer, menschenwürdigen Lebens auf der Erde. Ich habe das den *neuen Imperativ* genannt. Man könnte ihn auch so formulieren: »Handle so, dass die Wirkungen deiner Handlung nicht zerstörerisch sind für die künftige Möglichkeit solchen Lebens.«

MODERATOR. Wie steht es dann mit dem alten Imperativ, auf den Sie hier offenbar Bezug nehmen, den *kategorischen Imperativ* Immanuel Kants? Halten Sie den nicht mehr für zureichend?

JONAS. Der kategorische Imperativ verlangt von mir zu überlegen, ob ich wollen kann, dass die Maxime – der subjektive Grundsatz – meines Handelns ein allgemeines Gesetz werde. Das Kriterium dafür, ob ich das wollen kann oder nicht, ist nach Kant ein logisches, nämlich logische Selbstverträglichkeit. Die Handlung ist dann moralisch, wenn sie sich ohne Selbstwiderspruch als eine allgemeine Handlungsweise der Gemeinschaft vorstellen lässt. Nun liegt aber – rein logisch betrachtet – kein Widerspruch in der Vorstellung, dass die Menschheit einmal aufhört zu existieren. Auch die Vorstellung, dass das Glück der gegenwärtigen Generation mit dem Unglück späterer Generationen erkauft wird, ist nicht in sich widersprüchlich. Daher halte ich den kategorischen Imperativ für unzureichend. Er ist nur auf die jetzt Lebenden bezogen. Ein Prinzip der Ethik, das den fortgeschrittenen Herausforderungen der Technik gerecht wird, muss, wie schon gesagt, gewährleisten, die Bedingungen für den indefiniten, den unbegrenzten Fortbestand der Menschheit auf Erden nicht zu gefährden.

MODERATOR. Ist da nicht auch die Politik gefordert?

JONAS. Ja, der neue Imperativ richtet sich sogar primär an die Politik. Darin besteht ein weiterer Unterschied zum kategorischen Imperativ, der sich an das Individuum wendet und die Maxime seines individuellen Handelns zum Prinzip einer allgemeinen Gesetzgebung erhebt. Dagegen ist die Aufgabe, für menschenwürdige Existenzbedingungen künftiger Generationen zu sorgen, eine Aufgabe, die die privaten Handlungsmöglichkeiten der Individuen übersteigt und die politischen Rahmenbedingungen ihres Handelns betrifft.

MODERATOR. Ich kann mir noch nicht vorstellen, was das konkret bedeutet. Was muss im Einzelnen getan oder unterlassen werden, um zukünftigen Generationen ein menschenwürdiges Dasein zu ermöglichen?

JONAS. Zunächst einmal ist es wichtig, dass es eine *Wissenschaft der Fernwirkungen* gibt. Wir müssen alles daransetzen, die zukünftigen Wirkungen unseres Handelns zu erforschen. Dabei gehe ich davon aus, dass die meisten Wirkungen menschlichen Handelns nicht mit Sicherheit vorherzusagen sein werden. Jedoch ist dann wenigstens so viel gewonnen, dass die Gefahren, denen die künftigen Generationen möglicherweise ausgesetzt sind, bekannt sind. Und dann muss das Prinzip der *Heuristik der Furcht* gelten, das heißt, der Unheilsprognose muss ein Vorrang vor der Heilsprognose eingeräumt werden. Wenn auch nur die Möglichkeit besteht, dass eine bestimmte Technologie die Zukunft der Menschheit gefährdet, ist es moralisch nicht vertretbar, diese Technologie zu verwenden.

MODERATOR. Das widerspricht aber der gängigen Praxis in unserer Gesellschaft. Gegenwärtig gilt, dass alles, was technisch machbar ist, auch gemacht wird, wenn es den Menschen nur irgendwie als nützlich erscheint. Wie wollen sie denn eine so einschneidende Forderung begründen?

JONAS. Sehen Sie, unter der Bedingung der Ungewissheit gleicht unser Handeln einer Wette. Auch bei einer Wette ist der Ausgang ja ungewiss. Und da muss man sich fragen, um welchen Einsatz man überhaupt wetten darf. Mir scheint klar zu sein: Ein Spieler kann um das wetten, was ihm gehört, aber nicht um das, was anderen gehört. Ich darf in einer Wette nicht die Interessen anderer aufs Spiel setzen.

MODERATOR. Aber dann könnte ja niemand mehr handeln.

Die menschlichen Angelegenheiten sind doch so miteinander verflochten, dass es sich gar nicht vermeiden lässt, dass durch mein Handeln auch immer die Interessen anderer berührt werden.

JONAS. Das bestreite ich auch nicht. Aber es muss eine Mindestforderung sein, dass niemand die Interessen anderer *mutwillig* und *leichtfertig* aufs Spiel setzen darf. Es wäre nicht vertretbar, wenn jemand etwas Bedeutendes wie die Existenz künftiger Generationen um nichtiger Ziele willen aufs Spiel setzt, etwa, um sich selbst einen kurzfristigen Vorteil zu verschaffen. Außerdem meine ich, dass niemand das Recht hat, um das *Ganze* der Interessen anderer zu wetten; also darf die Existenz anderer Menschen oder gar die Existenz der Menschheit niemals aufs Spiel gesetzt werden.

MODERATOR. Wie würden Sie dann das Handeln eines Staatsmannes beurteilen, der im Krieg um der Zukunft seines Volkes willen die Existenz des Volkes aufs Spiel setzt?

JONAS. Ich denke, dass niemand ihn moralisch verurteilen könnte, denn hier geht es um die Abwendung von Schaden. Um äußerstes Übel abzuwehren, kann es erlaubt sein, das Ganze aufs Spiel zu setzen. So kann man aber in Bezug auf die Technik nicht argumentieren. Seit Francis Bacon und René Descartes ist das erklärte Ziel aller technischen Bemühungen der Fortschritt, das Glück der Menschheit. Man darf das Ganze riskieren, um *äußerstes Übel abzuwehren*, aber nicht, um das *höchste Gut herbeizuführen*. Denn man kann zwar ohne das höchste Gut, aber nicht mit dem größten Übel leben.

MODERATOR. Herr Jonas, vielen Dank für dieses Gespräch.

5. Wozu braucht man eigentlich einen Staat?

Thomas Hobbes (1588–1679)
Leviathan (1651)

John Locke (1632–1704)
Zwei Abhandlungen über die Regierung (1689/90)

Jean-Jacques Rousseau (1712–1778)
Vom Gesellschaftsvertrag (1762)

MODERATOR. Willkommen zu unserer heutigen Ausgabe der Sendereihe *Forum Philosophie*. Diesmal geht es um die Frage: Wozu braucht man eigentlich einen Staat? Ich freue mich, dass es uns gelungen ist, drei der bedeutendsten Staatsphilosophen in unser Studio zu holen. Ich begrüße den Franzosen Jean-Jacques Rousseau, den Engländer John Locke und seinen Landsmann Thomas Hobbes.

Herr Hobbes, zunächst zu Ihnen. Sie gelten als Begründer der modernen Staatsphilosophie. Ihr politisches Hauptwerk, das 1651 veröffentlicht wurde, haben Sie *Leviathan* genannt. Was soll dieser rätselhafte Titel eigentlich bedeuten?

HOBBES. Nun, zu meiner Zeit kannten sich die Menschen noch im Alten Testament aus. Dort wird in den Büchern Hiob und Jesaia, auch in den Psalmen, ein Meeresungeheuer namens Leviathan – eine Art Schlange oder Drache – erwähnt, das den Menschen Furcht und Schrecken einjagt. Ich habe dieses Ungeheuer als Sinnbild für die Staatsgewalt benutzt. Der Staat verbreitet als höchste irdische Macht Furcht und Schrecken und unterwirft sich dadurch alle anderen Mächte.

MODERATOR. Das ist ja eine ganz andere Auffassung vom Staat als die des antiken Philosophen Aristoteles, die bis ins Mittelalter hinein gültig war. Für Aristoteles, der den Menschen als soziales Wesen ansieht, ist der Staat nichts Furchterregendes, sondern gewissermaßen die Erfüllung des Menschseins.

HOBBES. Ja, Sie haben vollkommen recht. Aber ich betrachte den Menschen nicht mehr als soziales Wesen, sondern gehe vom einzelnen Menschen und seiner individuellen Freiheit aus. Niemand ist von Natur aus einem anderen untertan, sodass jegliche Einschränkung dieser Freiheit, eben auch durch den Staat, nur gerechtfertigt ist, wenn ihr jeder einzelne Bürger zustimmen kann. Ich wollte im *Leviathan* zeigen, dass der Staat, der Furcht und Schrecken verbreitet, letztlich auf der Zustimmung aller Menschen beruht.

MODERATOR. Können Sie Ihre Argumente noch einmal wiederholen?

HOBBES. Sehen Sie: Um die Existenz des Staates zu rechtfertigen, gehe ich vom Naturzustand aus, also vom Gegenteil dessen, was ich beweisen will.

MODERATOR. Aber einen solchen Zustand gibt es doch nirgendwo mehr auf der Erde. Wo leben Menschen denn noch unter natürlichen Verhältnissen?

HOBBES. Sie haben mich nicht richtig verstanden. Mit Naturzustand meine ich nicht einen primitiven Entwicklungszustand, in dem die Menschen noch ohne technische Hilfsmittel auskommen müssen. Darunter verstehe ich vielmehr den Zustand, in dem die Menschheit sich befindet, wenn es keinen Staat gibt, also einen Zustand ohne Herrschaft, ohne Gesetze usw. Außerdem handelt es sich dabei ja um ein Gedankenexperiment. Ich nehme einen solchen Zustand ohne Staat an, um zu untersuchen, welche Mängel dann auftreten würden. Daraus ließe sich ableiten, wozu ein Staat notwendig ist. Ich gehe davon aus, dass alle Menschen einer staatlichen Autorität zustimmen würden, wenn sie diese Mängel abstellen könnte.

MODERATOR. Mmh, ich verstehe. Und um welche Mängel handelt es sich denn?

HOBBES. Der Naturzustand ist für mich gekennzeichnet durch einen *Krieg eines jeden gegen jeden.* Damit will ich nicht sagen, dass Menschen ohne Staat immer in einem Kriegszustand leben würden, aber sie ständen sich misstrauisch und feindselig gegenüber und wären jederzeit bereit, mit Waffengewalt aufeinander loszugehen. Um es bildlich auszudrücken: *Homo homini lupus* – der Mensch ist dem Menschen ein Wolf ...

ROUSSEAU. ... aber das ist doch Unsinn, der Mensch ist von Natur aus gar nicht egoistisch und bösartig, wie ich in meinem *Diskurs über den Ursprung und die Grundlagen der Ungleichheit der Menschen* gezeigt habe.

MODERATOR. Herr Rousseau, bitte lassen Sie Herrn Hobbes ausreden. Sie werden gleich Gelegenheit haben, Ihre Position darzulegen.

HOBBES. Doch, Herr Rousseau, wenn man es realistisch betrachtet, sind die Menschen vor allen Dingen an ihrem eigenen Wohlergehen interessiert, sie sind Egoisten. Dieses – wenn Sie so wollen, pessimistische – Menschenbild habe ich während der langen Zeit des Bürgerkrieges in meinem Land gewonnen, der meine Existenz bedrohte und mich 1640 dazu bewog, für 10 Jahre ins Exil nach Frankreich zu gehen. – Dazu kommt nun, dass die Natur die Menschen annähernd gleich geschaffen hat. Auch der Schwächste ist noch stark genug, den Stärksten zu töten, wenn er sich einer List bedient oder sich mit anderen verbündet. Daraus folgt, dass im Naturzustand niemand einen Vorteil für sich beanspruchen kann, den nicht ein anderer ebenso gut für sich verlangen könnte. Wenn es keinen Staat gibt, dann hat eben jeder ein Recht auf alles. Und so kommt es zu Konkurrenz und Streit, eben zu dem, was ich *Krieg eines jeden gegen jeden* genannt habe.

MODERATOR. Wie ließe sich ein solcher Krieg denn vermeiden?

HOBBES. Der alleinige Weg dazu besteht in der Errichtung einer allgemeinen Gewalt, das heißt in der Errichtung eines Staates. Ich habe diesen Geburtsakt des Staates als *Gesellschaftsvertrag* bezeichnet. Er darf nicht mit dem *Herrschaftsvertrag* verwechselt werden, der zwischen dem Fürsten und dem Volk abgeschlossen wird. Den Gesellschaftsvertrag gehen die Bürger untereinander, nicht mit dem Herrscher ein. Wenn die Ursache des Krieges das Recht auf alles ist, dann müssen die Menschen, um Frieden zu halten, untereinander einen Vertrag schließen, in dem sie erklären, dass sie auf dieses Recht auf alles verzichten und ihre Macht auf einen Menschen, den Souverän, übertragen. Der Souverän ist durch seine Macht in der Lage, sie vor gegenseitigen Übergriffen und auch vor den Angriffen Fremder zu schützen. Diese Aufgabe kann übrigens auch von einer Versammlung von Menschen übernommen werden.

MODERATOR. Gehen Sie wirklich davon aus, dass Menschen freiwillig auf Ihre Rechte verzichten?

HOBBES. Ja, denn selbst ein Egoist sieht ein, dass es für ihn auf lange Sicht vorteilhafter ist, in Frieden und Sicherheit zu leben als in ständiger Todesfurcht, die er im Kriegszustand ja haben muss. Und ein Egoist möchte ja möglichst angenehm leben, wozu der Friede eine Voraussetzung ist.

MODERATOR. Aber was geschieht, wenn sich einige Menschen ausklinken und nun den Vertrag nicht unterzeichnen?

HOBBES. Das wäre in der Tat ein Problem. Ein Mensch wird ja nur dann bereit sein, auf etwas zu verzichten, wenn alle anderen dies auch tun und keinen Vorteil daraus ziehen, dass er sein Recht aufgibt. Deshalb kann sich auch jeder ausrechnen, dass der Vertrag erst gar nicht zustande käme, wenn nicht alle – mit Ausnahme des Souveräns – auf ihre Rechte verzichten würden. – Ich muss Sie jedoch noch einmal daran erinnern, dass wir uns hier in einem Gedankenexperiment befinden. Der Vertrag wird ja nicht wirklich abgeschlossen. Ich glaube aber nun gezeigt zu haben, dass alle Menschen, wenn sie darüber nachdenken würden, einem solchen Vertrag zustimmen würden. Und daraus leite ich ab, dass man unterstellen kann, dass ein Staat gerechtfertigt ist.

MODERATOR. Ich verstehe. Und wie groß ist Ihrer Ansicht nach die Macht des Staates?

HOBBES. Das ergibt sich aus dem, was bisher gesagt wurde. Solange der Staat den Bürgern Frieden und Sicherheit garantiert, schulden sie ihm totalen Gehorsam. Kein Mensch hat das Recht, dem Willen des Souveräns Widerstand zu leisten, auch dann nicht, wenn er sich ungerecht behandelt fühlt. Der Souverän kann nicht einmal zur Rechenschaft gezogen werden, wenn er einen Menschen unschuldig hinrichten lässt, sofern dies im Interesse des Friedens nötig ist. Die Gehorsamspflicht der Untertanen endet erst dann, wenn der Staat seiner Aufgabe der Friedenssicherung nicht mehr nachkommen kann.

ROUSSEAU. Skandalös! Damit könnte man ja sogar eine absolute Monarchie rechtfertigen. Das ist für mich als Demokraten überhaupt nicht akzeptabel. Und damit, dass die Bürger keine Freiheiten und Rechte haben, kann doch niemand einverstanden sein.

HOBBES. Aber bedenken Sie doch: Nur ein starker Staat kann wirklich Frieden stiften. Das ist jedenfalls mein Fazit aus den Wirren des Bürgerkrieges in meinem Land, der 1649 erst durch die Diktatur Cromwells beendet werden konnte. Gegenüber dem Terror der Anarchie erscheint mir die Gefahr der Despotie als das weitaus geringere Übel.

MODERATOR. Ich bin mir nicht sicher, ob diese Alternative richtig ist. – Aber nun zu Ihnen, Herr Locke. Sie gelten mit Ihren *Zwei Abhandlungen über die Regierung* von 1689/90 als Begründer des Liberalismus und als einer der Wegbereiter der amerikanischen Verfassung. Was halten Sie von den staatsphilosophischen Überlegungen Ihres Kollegen Hobbes?

LOCKE. Ich beurteile sie sehr zwiespältig. Die Rechtfertigung des Staates durch den Gesellschaftsvertrag ist für mich eine der genialsten Ideen der politischen Philosophie, darin bin ich Hobbes gefolgt. Aber ich habe eine ganz andere Auffassung vom Naturzustand – und daraus ergibt sich für mich auch eine andere Sicht des Staates. Selbst ein Zustand ohne staatliche Autorität ist für mich noch kein zügelloser Zustand, denn es gibt natürliche Rechte und Pflichten. Die Vernunft, wenn sie denn nur zurate gezogen wird, lehrt die Menschen, dass niemand den anderen töten, verletzen, bestehlen oder seiner Freiheit berauben darf. Denn wenn alle Menschen gleich sind, muss ich das, was ich für mich in Anspruch nehme, auch den anderen zubilligen: also das Recht auf Leben und körperliche Unversehrtheit, das Recht auf Freiheit und das Recht auf Eigentum.

MODERATOR. Die Menschenrechte?

LOCKE. Ja, ich habe sie *natürliche Rechte* genannt. Das sind unveräußerliche Rechte, die jedem Menschen als Menschen zukommen, also nicht erst durch den Staat verliehen werden, sondern schon im Naturzustand existieren.

MODERATOR. Aber wo gibt es dann noch Probleme im Zusammenleben der Menschen, wenn es schon im Naturzustand diese Rechte und ihnen entsprechende Pflichten gibt?

LOCKE. Sehen Sie, die natürlichen Rechte, so wie die Vernunft sie uns eingibt, sind allgemein und abstrakt. Da die Rechte nicht eindeutig formuliert sind, kann es bei der Anwendung Probleme geben. Es kann Streit darüber entstehen, wie diese Rechte im konkreten Einzelfall zu interpretieren sind, besonders, wenn die Kontrahenten parteiisch sind. Ferner ist es möglich, dass es Probleme gibt, diese Rechte gegen Widerstände durchzusetzen, sodass jemand zwar im Recht ist, aber nicht Recht bekommt.

MODERATOR. Und welche Aufgaben des Staates ergeben sich daraus?

LOCKE. Das liegt doch nun auf der Hand: Der Staat hat die Aufgabe, die natürlichen Rechte durch eindeutig formulierte Gesetze zu konkretisieren. Er hat ferner darüber zu wachen, dass diese Gesetze auch eingehalten werden. Und im Streitfall braucht er Richter, die die Gesetze unparteiisch auslegen. Wenn man dies zusammenfasst, könnte man sagen: Der Staat hat die Aufgabe der Sicherung der natürlichen Rechte.

MODERATOR. Darf der Staat eigentlich selber gegen diese Rechte verstoßen?

LOCKE. Nein, auf keinen Fall. Auch der Staat muss die natürlichen Rechte beachten, die dem Menschen ja schon im Naturzustand zukommen. Das Gewaltmonopol des Staates stellt aber aus meiner Sicht – darin unterscheide ich mich von Herrn Hobbes – eine große Gefahr für die Freiheit der Bürger dar. Deshalb muss man den Staat so einrichten, dass die Bürger vor Machtmissbrauch geschützt werden. Das ist eine der Grundforderungen des Liberalismus.

MODERATOR. Wie wollen Sie das erreichen?

LOCKE. Durch Gewaltenteilung. Die Legislative, das heißt die gesetzgebende Gewalt, und die Exekutive, das ist die Gewalt, die den Gesetzen Anerkennung verschafft, müssen getrennt sein, und die Legislative muss einer Kontrolle unterzogen werden können. Ich denke da an eine gesetzgebende Versammlung, die vom Volk abberufen oder verändert werden kann, wenn sie dem in sie gesetzten Vertrauen zuwiderhandelt. Mein französischer Kollege Montesquieu hat den Gedanken der Gewaltenteilung übrigens weiterentwickelt und auf die richterliche Gewalt, die Judikative, ausgedehnt. So kann die Freiheit der Bürger wirksam geschützt werden.

ROUSSEAU. Unglaublich! Dieser sogenannte Liberalismus hat doch nicht wirklich etwas mit Freiheit zu tun, sondern ist nichts anderes als eine Rechtfertigung der bürgerlichen Klasse. Freiheit bedeutet für Sie, Herr Locke, doch nur die Freiheit der Reichen und Besitzenden. Ihr Staat ist nichts anderes als ein *Nachtwächterstaat*, der darüber wacht, dass den wohlhabenden Bürgern nichts gestohlen wird. Für mich hat ein Mensch nicht nur das Recht, dass ihm nichts weggenommen wird, sondern einen positiven Anspruch auf Eigentum. Das bedeutet, dass die gesellschaftlichen Güter an alle Menschen gleich verteilt werden müssen, dass der Staat die Aufgabe hat, den Unterschied zwischen Arm und Reich aufzuheben.

MODERATOR. Nachdem Sie sich schon wieder dazwischengedrängt haben, nun also zu Ihnen, Herr Rousseau. Wenn ich Sie auch kurz vorstellen darf: Sie gelten als einer der geistigen Väter der Französischen Revolution, jedenfalls haben die Revolutionäre sich auf Ihre Ideen berufen. Wie wir ja schon alle gehört haben, lehnen Sie die Gedanken von Hobbes und auch Locke radikal ab. Da verwundert es mich sehr, dass Ihr politisches Hauptwerk den Titel *Vom Gesellschaftsvertrag* trägt.

ROUSSEAU. Das ist aber auch die einzige Gemeinsamkeit mit diesen beiden Herren, ansonsten möchte ich mit ihnen nichts zu tun haben. Und ich behaupte, dass ich der

Einzige bin, der die Idee des Gesellschaftsvertrages richtig verstanden hat. Wie schon gesagt, geht es mir um die Freiheit des Menschen. Und da ist mir damals – im Jahr 1762 – Folgendes aufgegangen: Im Naturzustand ist der Mensch vollkommen frei. Wo ich aber auch hinsah: überall war der Mensch in Ketten. Das Grundproblem der politischen Philosophie lautet daher: Wie kann man eine Staatsform finden, die den Einzelnen schützt, in der er aber seine Freiheit nicht aufgeben muss?

HOBBES. Das ist doch unmöglich!

ROUSSEAU. Nein, es ist möglich, wenn mehrere Voraussetzungen erfüllt sind, von denen ich hier aus Zeitgründen nur zwei erläutern kann. Die erste Voraussetzung ist die, dass bei Vertragsschluss alle Menschen wirklich gleich behandelt werden, ohne eine einzige Ausnahme. Daher darf es nicht – wie bei Hobbes – einen Souverän geben, der außerhalb des Gesellschaftsvertrages steht, der nicht auf seine Rechte verzichtet, sondern alle Rechte übertragen bekommt. Nicht die Willkür eines Souveräns soll das staatliche Handeln lenken, sondern der *allgemeine Wille*. In politischen Fragen muss der Wille des Volkes maßgeblich sein; die Idee des Gesellschaftsvertrages führt also notwendig zur Demokratie. Darunter verstehe ich direkte Befragung aller Bürger bei allen politischen Beschlüssen. Nur so kann die natürliche Freiheit der Bürger im Staat erhalten bleiben: Wenn der staatliche Wille und der Wille des Einzelnen übereinstimmen, ist jeder frei, weil er, indem er dem Staat gehorsam ist, letztlich nur seinem eigenen Willen folgt.

LOCKE. Aber wenn man die Bürger in Abstimmungen befragt, dann ergeben sich doch sehr viele unterschiedliche Meinungen, dabei kommt doch kein einheitlicher Wille heraus. Und das ist ja auch ganz verständlich, weil die Interessen der Menschen ganz verschieden sind. Ein Fabrikant beispielsweise hat doch ganz andere Interessen als ein Arbeiter.

ROUSSEAU. In diesem Punkt gebe ich Ihnen recht. Der allgemeine Wille ist nicht identisch mit der Summe der Einzelwillen. Und damit komme ich auch zu meiner zweiten Voraussetzung. Wenn die unterschiedlichen Willen wirklich auf unterschiedlichen Interessen beruhen, dann müssen wir eben dafür sorgen, dass Interessenunterschiede erst gar nicht entstehen. Und wenn diese Interessenunterschiede von unterschiedlichen Besitzverhältnissen herrühren, dann müssen wir dafür sorgen, dass alle das Gleiche besitzen. Deshalb ist es beim Gesellschaftsvertrag notwendig, dass die Menschen sich nicht nur ihrer Rechte entäußern, sondern auch ihres Besitzes. Für den Staat ergibt sich daraus die Aufgabe, die gesellschaftlichen Güter gleich zu verteilen. Wenn alle das Gleiche besäßen, gäbe es keine unterschiedlichen Interessen, sondern nur noch ein gemeinsames Interesse an der gemeinschaftlichen Sicherung des Lebens. Und so wäre dann die Herrschaft des allgemeinen Willens und damit die Erhaltung der natürlichen Freiheit im Staat möglich.

HOBBES. Diese Ideen sind doch völlig unrealistisch! Der Verlauf der Geschichte hat ja auch gezeigt, dass sie sich nicht durchsetzen konnten. Direkte Demokratie – das geht vielleicht in einem kleinen Staat wie in Ihrem Geburtsort Genf. Aber in Flächenstaaten, die seit dem ausgehenden 18. Jahrhundert überall in der Welt entstanden sind, ist das ja wohl nicht durchführbar. Und Gleichverteilung von Gütern – das erinnert mich sehr an das Experiment des Kommunismus, das in den europäischen Ostblockstaaten kläglich gescheitert ist.

ROUSSEAU. Vergessen Sie bitte nicht, dass in den Flächenstaaten die Demokratie immerhin in der Form der repräsentativen Demokratie eingeführt worden ist. Und ohne meine Forderung nach Gleichverteilung der Güter hätte es im 19. Jahrhundert wahrscheinlich nicht den Kampf um soziale Gerechtigkeit gegeben, der zur Einrichtung des Sozialstaates führte. Dem Staat darf das Wohlergehen seiner Bürger nicht völlig gleichgültig sein.

Wenn er sich nicht um die sozial Schwachen, Kranken, Arbeitslosen oder sonst zu kurz Gekommenen kümmert, wer dann?

LOCKE. Aber der Staat geht bankrott, wenn er sich um alle Sozialfälle kümmern soll – das hat man doch in den letzten Jahren in der Bundesrepublik Deutschland gesehen!

MODERATOR. Meine Herren, das können wir jetzt leider nicht mehr ausdiskutieren, denn unsere Sendezeit ist abgelaufen und wir müssen zum Schluss kommen. Sie sind sich im Hinblick auf die Frage, wozu wir den Staat eigentlich brauchen, zwar nicht einig geworden. Mir scheint allerdings, dass Ihre Staatsentwürfe sich nicht völlig ausschließen. Zweifellos ist der Staat notwendig, um durch sein Gewaltmonopol den inneren und äußeren Frieden zu sichern, wie Sie, Herr Hobbes, betont haben. Wenn wir nun beispielsweise auf den deutschen Staat sehen, erkennen wir, dass er als liberaler Verfassungsstaat auch die natürlichen Rechte der Menschen schützt, wie Sie, Herr Locke, gefordert haben. Und er versteht sich nicht zuletzt als demokratischer Wohlfahrtsstaat, der sich ganz in Ihrem Sinne, Herr Rousseau, auch um das Wohlergehen der Bürger kümmert und für sozialen Ausgleich sorgt. – Herr Hobbes, Herr Locke und Herr Rousseau, vielen Dank für dieses Gespräch!

6. Friede und Völkerrecht

Immanuel Kant (1724–1804)
Zum ewigen Frieden (1795)

Paul war schockiert. 185 Millionen Menschen sollen im 20. Jahrhundert im Krieg ihr Leben verloren haben. Das ist so viel wie Westeuropa mit Deutschland, Österreich, der Schweiz, Frankreich und den Benelux-Staaten an Einwohnern hat. Paul musste das erst einmal verarbeiten. Er schaltete seinen Computer aus und ging zu Bett. Er hatte Krieg immer schon als grausam empfunden. Im Geschichtsunterricht hatten sie über den Ersten und Zweiten Weltkrieg gesprochen. Es hatte ihn interessiert, durch welche politischen Entwicklungen es dazu gekommen war, und er hatte sich gefragt, wie man das hätte verhindern können. Und als sie in der Schule die Aufgabe bekamen, Facharbeiten zu schreiben, hatte er sich für das Thema »Friede und Völkerrecht« entschieden. Dazu hatte er eine Internetrecherche durchgeführt. Über 350 kriegerische Auseinandersetzungen weltweit werden auf dem Konfliktbarometer eines Friedensforschungsinstituts aufgezählt. Ist die Menschheit denn nicht in der Lage, aus schlechten Erfahrungen zu lernen? Bei seinen Internet-Recherchen war er auch auf den Seiten der UNO gewesen und hatte dort einen Hinweis auf den Philosophen Kant gefunden. Der soll eine Schrift Zum ewigen Frieden *verfasst haben. Das klang interessant. Aber damit wollte er sich erst am nächsten Tag genauer beschäftigen, dazu war er jetzt nicht mehr in der Lage. Verwirrt und erschöpft schlief er endlich ein.*

Und da erschien ihm im Traum plötzlich ein kleiner, etwas altmodisch gekleideter Mann.

KANT. Darf ich mich vorstellen? Mein Name ist Immanuel Kant.

PAUL. Ich bin Paul. Sind Sie etwa der Immanuel Kant, der über den ewigen Frieden geschrieben hat?

KANT. Ja genau, das war 1795. Damals herrschte ein Krieg der Königreiche Preußen, Österreich und England gegen Frankreich.

PAUL. Das trifft sich gut. Ich schreibe gerade an einer Facharbeit zum Thema *Krieg und Frieden.* Erzählen Sie mir mehr darüber.

KANT. Am 5. April 1795 hat Preußen mit Frankreich den sogenannten Basler Friedensvertrag geschlossen. Das habe ich sehr begrüßt, denn ich stand aufseiten Frankreichs, das die fortschrittlichste Verfassung besaß, eine republikanische Verfassung. Es wäre für mich ein Skandal gewesen, wenn die alten Königreiche die junge Republik besiegt und damit den Fortschritt in der Geschichte verhindert hätten. In diesem Zusammenhang habe ich überlegt, was man grundsätzlich tun könnte, um Derartiges zu verhindern – nicht nur, wie man eine bewaffnete Auseinandersetzung beilegen kann, sondern wie man Kriegshandlungen für alle Zukunft vermeiden kann. Es ging mir nicht um einen bestimmten Friedensschluss, sondern um einen dauerhaften Frieden, eben den ewigen Frieden.

PAUL. Wie kann man denn Ihrer Auffassung nach einen solchen Frieden schaffen?

KANT. Dazu müssen erst einmal einige Vorbedingungen erfüllt sein. Friede ist z.B. nicht möglich ohne gegenseitiges Vertrauen. Deshalb müssen, solange noch irgendwo in der Welt Krieg herrscht, bestimmte Feindseligkeiten verboten sein, die ein solches Vertrauen unmöglich machen. Ich denke da an Meuchelmord, an Giftmischerei, Anstiftung zum Verrat usw. Eine weitere

Bedingung ist, dass der Wille zum Frieden uneingeschränkt sein muss, dass es also bei den Staaten keine geheimen Vorbehalte geben darf, aus denen irgendwann wieder ein Krieg entstehen könnte. Für wichtig halte ich auch, dass sich kein Staat gewalttätig in die Verfassung und Regierung eines anderen Staates einmischt. Das könnte nur Anlass für neue Feindseligkeiten sein. Nicht zuletzt muss es ein Ende damit haben, dass Staaten stehende Heere unterhalten, denn damit stellen sie eine ständige Bedrohung anderer Staaten dar. Das fordert diese Länder zur Gegenrüstung heraus und führt letztlich zu einem Rüstungswettlauf, der keine Grenzen kennt.

PAUL. Meinen Sie nicht, dass eine Politik der Abschreckung zum Frieden beitragen kann?

KANT. Nein. Mein englischer Kollege Thomas Hobbes hat zwar die These vertreten, man könne sich am besten dadurch vor Angriffen schützen, dass man sich mit Waffen rüstet. Aber das führt meiner Meinung nach nur zu einem Waffenstillstand, nicht zu einem dauerhaften Frieden. Solange aufgerüstet wird, besteht ja immer die Gefahr, dass tatsächlich Krieg entsteht. Unter Umständen wird ja sogar die Aufrüstung selbst zur Ursache eines Angriffskrieges. Ich bleibe dabei: Wer ernsthaft Frieden will, muss alle Heere abschaffen.

PAUL. Aber gibt es denn außer Abschreckung überhaupt noch einen anderen Weg, Kriege zu verhindern?

KANT. Das ist ja gerade die Idee gewesen, die ich in der Friedensschrift entwickelt habe: Der Friede ist nur auf dem Wege des Rechts erreichbar. Die Völker der Erde müssten Vereinbarungen miteinander treffen, die einen rechtlichen Status haben. So wie ja jeder Bürger einem staatlichen Recht untersteht, das ihn vor Übergriffen anderer schützt, so müssten auch die einzelnen Staaten sich einem Völkerrecht unterstellen.

PAUL. Das müssten sie mir noch genauer erklären.

KANT. Ich gehe davon aus, dass Staaten wie einzelne Menschen betrachtet werden können. Man kann eine Analogie aufstellen zwischen Individuen und Staaten. Seit Thomas Hobbes stimmen ja die Philosophen darin überein, dass ein Staat deshalb Legitimität für sich beanspruchen kann, weil er den gesetzlosen Naturzustand unter Menschen überwindet. Unter Naturzustand ist ein hypothetischer Zustand zu verstehen, in dem es keinerlei Gesetz und staatliche Ordnung gibt. Jeder Mensch kann darin also das tun, was ihm gefällt. Und gerade eben dadurch kommt es zu Konflikten, denn die Willkür des einen verträgt sich nicht mit der Willkür des anderen. Deshalb ist es vernünftig, ich würde es sogar als eine Pflicht bezeichnen, den Naturzustand durch einen rechtlichen Zustand zu überwinden.

PAUL. Und Sie meinen, es gibt auch einen Naturzustand zwischen Staaten?

KANT. Ja, so wie vom Naturzustand der Individuen kann auch von einem Naturzustand der Staaten gesprochen werden: ein Zustand, in dem jeder Staat das tun kann, was ihm beliebt, und ohne Rücksicht auf andere Staaten seine Interessen durchsetzt. Eben dadurch kommt es ja zu internationalen Konflikten. Und deshalb sehe ich es als vernünftig an, den internationalen Naturzustand zu überwinden, indem sich die Staaten einem gemeinsamen Recht, dem Völkerrecht, unterstellen.

PAUL. Dann wäre also die Lösung des Friedensproblems die Errichtung eines einheitlichen Weltstaates, der gesetzliche Regelungen erlässt und Übertretungen mit Sanktionen belegt?

KANT. Das ist nicht ganz richtig. Ein solcher *Weltstaat* wäre zwar die Forderung der Vernunft. Leider lässt sich diese Forderung aber in der Realität nicht durchsetzen. Sie würde faktisch am Einspruch der Staaten scheitern, die ihre Souveränität nicht aufgeben wollen. Außerdem sind Staaten – philosophisch gesehen – auch gar nicht verpflichtet, sich zu einem Weltstaat zusammenzuschließen. Zwischen dem interindividuellen und dem internationalen Naturzustand besteht nämlich ein entscheidender Unterschied: Der internationale Naturzustand ist schon ein Rechtszustand, es existiert ja bereits staatliches Recht. Es gibt zwar eine Pflicht, den gesetzlosen Naturzustand zwischen Menschen durch Einrichtung staatlichen Rechts zu überwinden, aber eben keine Pflicht, den zwischenstaatlichen Naturzustand durch Errichtung eines Weltstaates aufzuheben.

PAUL. Wie kann man dann zu einer Überwindung des Kriegszustandes kommen?

KANT. Wenn sich die beste Lösung, der Weltstaat, nicht realisieren lässt, müssen wir mit einer Ersatzlösung zufrieden sein. Die besteht in einem freiwilligen Zusammenschluss zwischen Staaten in Form eines Völkerbundes zu dem Zweck, Kriegshandlungen zu vermeiden. In einer solchen Föderation behält jeder Staat seine Selbstständigkeit. Die Vereinbarungen, die zwischen diesen Staaten getroffen werden, bilden das *Völkerrecht.*

PAUL. Hat nicht auch die Verfassung eines Staates etwas mit der Frage nach Krieg und Frieden zu tun? Ich kann mir vorstellen, dass von einem totalitären Staat sehr viel mehr Bedrohung für andere Staaten ausgeht als von einem demokratischen.

KANT. Du hast recht, und deshalb habe ich gefordert, dass die bürgerliche Verfassung in jedem Staat republikanisch sein soll.

PAUL. Was verstehen Sie genau unter einer Republik?

KANT. *Republikanisch* nenne ich einen Staat, in dem legislative und exekutive Gewalt getrennt sind, sodass die Gesetzgebung nicht auf der Willkür eines Herrschers beruht, sondern der Zustimmung eines jeden Bürgers bedarf. Das ist das, was du wahrscheinlich mit der Idee eines demokratischen Staates verbindest – ich habe allerdings eine andere Auffassung von Demokratie. Die direkte und ausschließliche Herrschaft des Volkes – das ist mit dem Begriff ja ursprünglich gemeint – ist in meinen Augen keine wünschenswerte Herrschaftsform. Aber das spielt in diesem Zusammenhang keine Rolle. Wichtig ist: Für einen absolutistischen Herrscher ist es die unbedenklichste Sache der Welt, einen Krieg zu beschließen, weil der Herrscher ja die Kosten des Krieges nicht selbst zu tragen hat. Wenn aber die Zustimmung der Bürger erforderlich ist bei der Entscheidung, ob ein Krieg geführt werden soll, sieht es anders aus. Ich glaube, dass die Bürger es sich gut überlegen würden, ob sie einen Krieg beginnen sollten, weil sie ja – egal, wie er ausgeht – auf jeden Fall die Kosten dafür aufbringen müssten. Deshalb halte ich den Demokratisierungsprozess – um mich jetzt einmal mit deinen Begriffen auszudrücken – für einen wesentlichen Beitrag zum ewigen Frieden.

PAUL. Gibt es noch weitere Faktoren, die für den Weltfrieden förderlich sind?

KANT. Ja. Große Erwartungen setze ich insbesondere in den zunehmenden Handel zwischen den Staaten, in deiner Zeit würde man von der »Globalisierung der Märkte« sprechen. Die menschlichen Neigungen sind ja auf Gewinn gerichtet. Zwar ist es denkbar, dass es wegen des Gewinnstrebens zu kriegerischen Auseinandersetzungen kommt; ich habe aber die Hoffnung, dass sich letztlich die Einsicht durchsetzt, dass die Maximierung des Gewinns ein friedliches Miteinander voraussetzt.

PAUL. Wie beurteilen Sie in diesem Zusammenhang die Feindseligkeit gegenüber Fremden, die immer wieder zu beobachten ist?

KANT. Dies halte ich für einen Verstoß gegen das Weltbürgerrecht. Die Erde gehört ja nicht einem bestimmten Menschen oder einer bestimmten Gruppe von Menschen, sondern allen. Und da wir wegen der Begrenztheit der Erdoberfläche nicht voreinander ausweichen können, hat jeder den anderen neben sich zu dulden. Das bedeutet, dass jeder Mensch überall auf der Erde das Recht hat, als Gast und nicht als Feind behandelt zu werden. Zum Frieden auf der Welt gehört es auch, dass

Menschen ihr Misstrauen und ihre Vorurteile gegenüber Fremden überwinden. Es kann den ewigen Frieden nicht geben, solange wir Fremden feindselig gegenübertreten.

PAUL. Ich bin bei einer Internetrecherche darauf gestoßen, dass Sie als Ideengeber für die Organisation der Vereinten Nationen gelten.

KANT. Ja, nach den schrecklichen Erfahrungen des Ersten Weltkrieges kam es 1919 in Genf zur Gründung des Völkerbundes, der sich ausdrücklich auf meine Idee des Völkerrechts berief. Allerdings erhielt der Völkerbund durch mangelndes Beitrittsinteresse der Staaten nicht den nötigen Einfluss und war mit Ausbruch des Zweiten Weltkriegs praktisch gescheitert. Die UNO, die 1945 von 52 Staaten gegründet wurde, hat die Idee des Völkerrechtes dann erfolgreich aufgegriffen. Heute sind, wie du vielleicht weißt, 192 Mitgliedsstaaten mit einem Sitz in den Vereinten Nationen vertreten, die sich als Repräsentanten des Völkerrechts verstehen. Zu ihren wichtigsten Aufgaben zählen die Sicherung des Weltfriedens und der Schutz der Menschenrechte.

DING; DING; DONG! Der Weckruf des Handys ertönte. Paul erwachte aus seinem Schlaf. »Was war das jetzt gewesen?« Er rieb sich verwundert die Augen. »Das glaubt mir keiner. Schnell an den Computer, damit ich das alles aufschreiben kann, bevor ich es vergesse.«

7. Glückseligkeit und Tugend

Aristoteles (384–322 v. Chr.)
Nikomachische Ethik

Jenny verbrachte ihre Ferien in diesem Jahr mit ihren Eltern in Griechenland. Heute stand ein Ausflug nach Athen auf dem Programm. Darauf hatte sie sich schon lange gefreut; sie wollte nicht immer nur am Strand herumhängen, sondern die Stadt sehen, in der die großen Philosophen gelebt hatten, Sokrates, Platon, Aristoteles, Epikur. Über sie hatte sie im Philosophieunterricht schon einiges erfahren. Zuerst sahen Jenny und ihre Eltern sich die Agora an, den Marktplatz, auf dem sich im antiken Athen das gesamte öffentliche Leben abgespielt hatte. Reste der Säulen der Wandelhallen standen noch, und eine Wandelhalle, die Stoa des Attalos, war sogar rekonstruiert. Man konnte sich gut vorstellen, wie Sokrates hier seine Gespräche mit den Athenern geführt hatte. Dagegen war von der Akademie, der Philosophenschule Platons, die im Hain des Akademos gestanden hatte, nichts mehr zu sehen. Ganz in der Nähe muss sich der Garten befunden haben, in den sich Epikur und seine Anhänger zurückgezogen hatten. Schließlich suchten sie noch den Platz auf, wo man Reste des Lykeions ausgegraben worden waren. Jenny hatte gehofft, dort noch etwas von der Wandelhalle sehen zu können, dem Peripatos, in dem Aristoteles und seine Freunde auf und ab gehend philosophiert haben sollen. Aber nichts von alledem war erhalten. Welche Enttäuschung! Da tippte ihr jemand auf die Schulter. Sie drehte sich um – und sah einen älteren Herrn mit schwarzem gelocktem Haar und Bart, der sie geheimnisvoll anlächelte. Irgendwie sah er so aus wie Aristoteles auf der Abbildung in ihrem Philosophiebuch.

ARISTOTELES. Warum so enttäuscht, junge Frau? Alles Materielle ist vergänglich. Beständig sind nur die Ideen, wie schon mein Lehrer Platon gesagt hat.

JENNY. Dann sind Sie es tatsächlich – Aristoteles, der Verfasser der *Nikomachischen Ethik*?

ARISTOTELES. Ja, du hast mich erkannt. Ich bin der, der die erste systematische Ethik geschrieben hat.

JENNY. Dazu hätte ich ein paar Fragen, wenn Sie erlauben. Wir haben nämlich im Philosophieunterricht darüber gesprochen, aber ich habe nicht alles verstanden.

ARISTOTELES. Meinetwegen, ich habe Zeit. Gehen wir ein paar Schritte, dabei lässt sich besser nachdenken.

JENNY. Warum wird Ihre Ethik eigentlich *Nikomachische Ethik* genannt?

ARISTOTELES. Ganz einfach, Nikomachos hieß mein Vater, und meinen Sohn habe ich auch so genannt. Ihm habe ich diese Ethik gewidmet.

JENNY. Aber wie soll man Ihre Ethik eigentlich aus inhaltlicher Sicht nennen? Ich habe verschiedene Bezeichnungen dafür gelesen, ›Tugendethik‹ und ›eudämonistische Ethik‹.

ARISTOTELES. Beides ist richtig. Die Bezeichnung ›Tugendethik‹ betrifft nur einen speziellen Teil meiner Ethik, der sehr viel Beachtung gefunden hat. Der Ansatz der gesamten Ethik dagegen liegt bei der Glückseligkeit, auf griechisch *eudaimonía*, deshalb die Bezeichnung ›eudämonistische Ethik‹.

JENNY. Was verstehen Sie denn unter Glückseligkeit?

ARISTOTELES. Zuerst einmal muss man zwei Glücksbegriffe auseinanderhalten. Es gibt das Glück, das man haben kann. Beispielsweise hat jemand Glück im Spiel. Und dann gibt es das Glück, das man fühlt, die

Glückseligkeit. Das ist das Phänomen, das mich interessiert.

JENNY. Inwiefern?

ARISTOTELES. Jeder Mensch will doch glücklich sein, jeder Mensch strebt nach Glückseligkeit. In allem, was wir tun, streben wir nämlich nach einem Gut, das heißt nach einem Zweck, der für uns etwas Gutes darstellt. Wer Sport treibt, um sich beispielsweise fit zu halten, tut dies, weil er Fitness für etwas Gutes hält.

JENNY. Ich verstehe. Würde er dieses Ziel nicht für wertvoll halten, würde er es nicht anstreben, sondern er würde etwas anderes tun.

ARISTOTELES. Ja, und es gibt Menschen, die etwas lernen, weil sie sich davon berufliche Vorteile versprechen; oder andere, die sparen, um eine Reise machen zu können. Hier stellt sich nun die Frage: Warum wollen Menschen überhaupt fit bleiben, warum wollen sie eine berufliche Karriere machen, warum Reisen unternehmen?

JENNY. Möglicherweise, um ein hohes Alter zu erreichen, um mehr Geld zu verdienen oder um ferne Länder kennenzulernen?

ARISTOTELES. Richtig. Die Ziele, die Menschen in ihren Handlungen verfolgen, verweisen also auf höhere Ziele. Hier lässt sich eine weitere Frage anschließen: Gibt es hinter diesen Zielen wiederum höhere Ziele usw. bis ins Unendliche fort, oder gibt es ein höchstes Ziel, ein Endziel sozusagen, über dem keine Ziele mehr existieren?

JENNY. Und wie lautet Ihre Antwort darauf?

ARISTOTELES. Endlosigkeit würde hier bedeuten, dass es kein letztes Ziel gäbe, dass unser Handeln letztlich keinen Sinn hätte. Daher behaupte ich, dass es ein höchstes Ziel gibt, durch das alles Tun einen Sinn erhält. Dieses Endziel ist die *eudaimonía*, die Glückseligkeit. Andere Güter, z.B. Ansehen oder Lust, sucht man gelegentlich um der Glückseligkeit willen; aber nach Glückseligkeit streben wir nicht um eines anderen Zieles willen, sondern um ihrer selbst willen. Sie ist das, was für sich allein, ohne dass noch etwas anderes dazukäme, wünschenswert ist, das höchste aller Güter.

JENNY. Das klingt einleuchtend. Und wie kann man nun dieses höchste Gut, die Glückseligkeit, erreichen?

ARISTOTELES. Glückselig wird man nicht, wie die meisten meinen, durch ein Leben des Genusses. Wer bloß nach Lustbefriedigung strebt, unterwirft sich den sinnlichen Begierden und den Leidenschaften; er führt also lediglich ein animalisches, kein menschliches Dasein.

JENNY. Aber Lust gehört doch zum Glück dazu! Ich kann mir kein glückliches Leben ohne Lust vorstellen!

ARISTOTELES. Zugegeben, die Lust bildet einen Bestandteil des Glücks; aber ein reines Genussleben führt nicht zur Glückseligkeit. Die Lebensform, die uns Menschen glücklich machen soll, muss eine spezifisch menschliche Qualität haben. Das, was den Menschen vor allen anderen Lebewesen auszeichnet, ist der *lógos*, die Vernunft; in diesem Zusammenhang könnte man das Wort besser mit ›Überlegung‹ übersetzen. Tiere sind hinsichtlich ihres Wohlergehens lediglich durch Lust- und Unlustgefühle bestimmt. Der Mensch dagegen hat nicht nur solche Gefühle, sondern er hat auch die Möglichkeit, sich überlegt in ein Verhältnis dazu zu bringen: Er kann z. B. diesen Antrieben nachgeben oder sie zurückdrängen, sie durch Überlegung steuern. Und sein Wohlergehen hängt davon ab, ob er das in richtiger Weise tut.

JENNY. Und was ist in diesem Zusammenhang das Richtige? Gibt es einen Maßstab dafür, wie sich der Mensch zu diesen Antrieben verhalten soll?

ARISTOTELES. Ja, das Richtige ist das Mittlere, was auf altgriechisch *méson* heißt. Deshalb wird meine Lehre auch als *Mesotes-Lehre* bezeichnet.

JENNY. Das verstehe ich noch nicht. Was soll das bedeuten?

ARISTOTELES. Die rechte Mitte ist ein Kennzeichen der Tugend.

JENNY. Auch das ist so ein Begriff, mit dem ich wenig anfangen kann.

ARISTOTELES. Unter Tugend, *areté*, verstehe ich eine feste Haltung, man könnte auch sagen: eine Charaktereigenschaft. Sie unterscheidet sich vom Laster dadurch, dass sie etwas Mittleres darstellt. Damit ist nicht Mittelmäßigkeit gemeint, sondern die Mitte zwischen einem Zuviel und einem Zuwenig. Nehmen wir als Beispiel die Tapferkeit. Sie ist die Mitte zwischen Tollkühnheit, die keine Gefahren kennt, und Feigheit, die jeder Gefahr aus dem Weg geht.

JENNY. Dass ein Feigling nicht tapfer ist, verstehe ich, denn er geht jeder Gefahr aus dem Weg. Aber jemand, der Tollkühnes tut – der ist doch tapfer!

ARISTOTELES. Nein, denn er kennt gar keine Gefahr. Tapfer nennen wir nicht den, der nichts fürchtet, sondern den, der seine Furcht überwindet. Ich möchte noch ein anderes Beispiel in Bezug auf den Umgang mit den körperlichen Lüsten anführen: Die Besonnenheit ist die Mitte zwischen Zügellosigkeit und (was allerdings weniger häufig vorkommt) Stumpfheit gegenüber Begierden. Ein drittes Beispiel in Bezug auf den Umgang mit Geld: Freigebigkeit stellt die Mitte zwischen Verschwendung und Geiz dar.

JENNY. Können Sie die Freigebigkeit genauer eingrenzen? Wo beginnt denn eigentlich die Verschwendungssucht, und wo hört der Geiz auf?

ARISTOTELES. Das lässt sich nicht so einfach in Zahlen ausdrücken. Man kann nicht sagen, wer mehr als soundso viel Geld in der und der Zeit ausgibt, ist verschwenderisch. Das hängt natürlich von den konkreten Umständen ab. Wo die Mitte jeweils genau liegt, ist also situationsabhängig. Wenn wir darüber im Zweifel sind, müssten wir einen tugendhaften Menschen befragen, wie er in dieser Situation handeln würde, oder uns das Handeln tugendhafter Menschen zum Vorbild nehmen.

JENNY. Ich verstehe. Und wie kann ein Mensch nun tugendhaft werden? Ist Tugend angeboren? Oder wird sie erworben?

ARISTOTELES. Zwar gibt es zu einer tugendhaften Haltung eine natürliche Anlage, aber diese Anlage bildet sich nicht von selbst aus, sondern durch Lernen, und zwar durch praktisches Lernen, durch Übung. Wie man Klavierspielen nicht durch Musiktheorie lernt, sondern durch Übung, so wird man nicht tugendhaft durch Philosophieren über das Gute, sondern durch moralische Praxis. Ein gerechter Mensch wird man durch gerechtes Handeln, ein besonnener Mensch durch besonnenes Handeln usw.

JENNY. Wenn ich Sie richtig verstanden habe, dann lautet Ihre Antwort auf die Frage, was ein Mensch tun soll, um glücklich zu werden: Er soll tugendhaft handeln.

ARISTOTELES. Ja, du hast mich richtig verstanden. Und dennoch muss ich hier eine Einschränkung machen. Handeln gemäß den ethischen Tugenden ist nur der zweitbeste Weg zur Glückseligkeit. Höher noch wäre ein Leben einzustufen, das ganz der *theoría*, der geistigen Betrachtung, gewidmet ist. Was den Menschen vom Tier unterscheidet, ist – wie schon gesagt – der *lógos*, der Geist. Und so bestünde in einer Betätigung unserer intellektuellen Fähigkeiten die höchste Erfüllung menschlichen Lebens. Ich weiß, dass wir uns als Wesen mit körperlichen Bedürfnissen nicht immer der geistigen Betrachtung widmen können; aber wir sollten uns wenigstens darum bemühen.

JENNY. Wieso haben Sie Ihre Auffassung von der Glückseligkeit eigentlich im Rahmen einer Ethik dargestellt? Was hat denn persönliches Glück mit moralischem Handeln zu tun?

ARISTOTELES. Ich glaube, dass du – übrigens wie viele deiner Zeitgenossen – einen eingeschränkten Begriff von Ethik hast. Nach meinem Verständnis geht es in der Ethik um das *ethos*, die Haltung oder Lebenseinstellung, die dazu führt, dass das Leben gelingt. D. h., es geht in erster Linie um die Frage nach dem guten Leben, nicht darum, wie ich andere behandle. Erst in späterer Zeit hat sich der Blickwinkel der Ethik auf das Verhältnis des Handelnden zu anderen Menschen verengt. Aber, um auf deine Frage zurückzukommen: Natürlich gibt es einen Zusammenhang zwischen meinem Glück und dem Glück des anderen. Was für mich als Mensch gut ist, ist auch für andere Menschen gut. Wenn ich dies in meinem Handeln berücksichtige, kann ich selber glücklich werden und trage zugleich zum Glück der anderen bei. Tugenden sind meiner Auffassung nach die Voraussetzungen sowohl für persönliches Glück als auch für moralisches Handeln. Anders als die meisten Denker der Neuzeit bin ich der Auffassung, dass man die Frage nach dem moralischen Handeln nicht von der Frage nach dem persönlichen Glück trennen kann.

»Jenny, wo steckst du denn nur!«, hörte Jenny ihre Mutter rufen. »Wir haben dich die ganze Zeit gesucht. Warum bist du von uns weggegangen? Und mit wem hast du dich da unterhalten? Ich habe es nicht so gerne, wenn du dich von fremden Männern ansprechen lässt.« – »Mama, das war kein fremder Mann …« – »Das kannst du mir später erklären. Los, beeil dich, damit wir noch den Bus bekommen, der uns zurück ins Hotel bringt.«

8. Arbeit und Eigentum

John Locke (1632–1704)
Zwei Abhandlungen über die Regierung (1689/90)

Alof Nehkel, ehemaliger Funktionär beim Bundesverband der Deutschen Industrie und Mitglied der Aufsichtsräte mehrerer Großkonzerne sowie Honorarprofessor für Internationales Management, *saß vor seinem Computer, um eine Vorlesung zum Thema* Arbeit und Eigentum *vorzubereiten. In diesem Zusammenhang gab er bei Google die Stichwörter »John Locke« und »Arbeitsbegriff« ein. Kaum hatte Nehkel die Enter-Taste gedrückt, wurde der Bildschirm für einige Sekunden schwarz, um dann eine Bibliothek zu zeigen, in der ein Mann mittleren Alters gerade dabei war, sich an einem Schreibtisch Notizen zu machen. Der Mann drehte sich um und blickte Nehkel vom Bildschirm aus in die Augen. »Ah, da sind Sie ja endlich. Ich habe nämlich auf Sie gewartet«, sagte er, stand auf, zog seinen braunen Hausmantel über und setzte sich in einen bequemen Ohrensessel.*

LOCKE. Ich darf mich Ihnen kurz vorstellen, mein Name ist John Locke, Philosoph, Politiker und Pädagoge in einer Person.

NEHKEL. Sind Sie *der* John Locke, der den Kapitalismus als Erster begrifflich dargestellt und ihn gesellschaftsfähig gemacht hat?

LOCKE. Es ist mir etwas peinlich, dies zuzugeben – aber ja, es stimmt. Ich habe einerseits dargestellt, dass man nur durch Arbeit zu Reichtum gelangen kann, und andererseits klarzumachen versucht, dass Faule und

Bettler in der Regel kein Recht auf Wohlfahrt und Unterstützung haben.

NEHKEL. Das hört sich radikal an, stimmt aber mit meiner Sichtweise weitgehend überein. Aber wenn ich Sie schon persönlich befragen kann, fände ich es toll, wenn Sie mir kurz noch einmal Ihre Arbeits- und Eigentumstheorie erläutern könnten.

LOCKE. Das mache ich gern. Also: Der Ausgangspunkt meiner Lehre besteht darin, dass wir Menschen uns selbst erhalten müssen. Der Mensch der *Urgesellschaft* oder – treffender formuliert – des *frühen Naturzustands* konnte dies nur, indem er sich die Früchte der Natur *legal* aneignete. Die Früchte der Natur, die man auch Naturgüter nennt, hat er aus ihrem ursprünglichen Zustand herausgelöst und sie mit einem anderen Produkt gemischt: seiner Arbeit. Dass das Naturprodukt zu seinem Eigentum wird, wird klar, wenn wir bedenken, dass jeder Mensch sich nach der Geburt sofort sich selbst aneignet. Durch diese Selbstaneignung gehört der Mensch sich selbst, und dementsprechend ist auch seine Arbeit sein Eigentum. Folglich kann der Mensch ein Produkt, das er aus der Natur nimmt, zu seinem Eigentum machen, weil er etwas von Geburt an schon besessen hat: nämlich sich selbst.

NEHKEL. Wenn ich Sie kurz unterbrechen darf, John: Das geht mir alles viel zu schnell. Können Sie vielleicht noch einmal erläutern, wieso der Mensch des frühen Naturzustands sich die Früchte der Natur einfach nehmen konnte?

LOCKE. Aber natürlich. Die Menschen konnten sich die Naturgüter nur durch ihre Arbeit aneignen. Das Wort *aneignen* besagt, ein Mensch hat sich etwas so zu eigen gemacht, dass nur er allein ein Recht auf dieses Etwas beanspruchen kann. Das ist – so haben wir ja gerade gesehen – das erste Mal passiert, als sich der Mensch sich selbst angeeignet und damit Eigentum an seiner eigenen Person erworben hat. Wenn der Mensch nun hingeht und ein Naturprodukt aus dem Naturzustand herausnimmt, so mischt er einen Teil von sich, nämlich seine Arbeit, mit dem Naturprodukt und macht es auf diese Weise zu einem Teil seiner selbst. So erwirbt er Eigentum an diesem Naturprodukt.

NEHKEL. Vielleicht können Sie Ihre These an einem Beispiel illustrieren.

LOCKE. Selbstverständlich. Veredelt man einen Baum so, dass er nach der Veredelung mehr Früchte trägt als vorher, so hat man seine Arbeit hineingesteckt, um dieses Ergebnis zu erzielen. Anders gesagt: ein Arbeitsprozess wird mit einem Naturstoff verbunden, damit ein Resultat herauskommt. Man hat seine Arbeit (A) mit dem Naturprodukt (N) vermischt, was nichts anderes als der Prozess ist, durch den (NA) entsteht. Dies ist das Resultat.

NEHKEL. Aber das heißt doch nichts anderes, als dass ein Mensch des *frühen Naturzustands*, der in den Wald gegangen ist, um beispielsweise Eicheln zu sammeln, diese Naturgüter aus dem Gemeineigentum herausgenommen und in seinen Besitz gebracht hat.

LOCKE. Nicht ganz, denn er hat sie nicht nur in seinen *Besitz* gebracht, sondern sie zu seinem *Eigentum* gemacht. *Besitz* bedeutet im Unterschied zu *Eigentum*, dass jemand zurzeit ein x hat, ihm dieses x aber nicht gehört. Diebesgut beispielsweise befindet sich zwar in den Händen und damit im Besitz von Dieben, tatsächlich sind diese Güter aber nach wie vor *Eigentum* der Person, der sie entwendet worden sind.

NEHKEL. Gut, dass Sie auf die begriffliche Unterscheidung aufmerksam machen, John. Mir ist bewusst geworden, was der Unterschied zwischen Eigentum und Besitz ist. Aber zurück zu den Menschen der Urgesellschaft, die Eicheln im Wald sammeln. Wie viele Eicheln oder sonstige Produkte darf sich eigentlich jeder Einzelne aneignen? Man könnte sich nämlich nach Ihren Äußerungen vorstellen, dass sich ein Mensch alles nimmt.

LOCKE. Ich habe am Anfang gesagt, alle Menschen müssten sich selbst erhalten. Dies sagt einem ja auch schon der gesunde Menschenverstand. Man kann es aber auch – sofern man gläubig ist – als Gottes Befehl ansehen. Wenn nun ein Mensch in der Lage wäre, sich alles anzueignen, so dürfte er dies nicht tun, weil er durch seine Tat anderen Menschen Schaden zufügen und gegen jene Naturgesetzregel verstoßen würde, die besagt, ein jeder habe das Recht, ebenso gut zu leben wie seine Mitmenschen. Aus diesem Grund darf im *frühen Naturzustand* keiner mehr Güter sammeln, als er für ein angenehmes und genussreiches Leben benötigt. Was für die Früchte gilt, gilt übrigens auch für den Boden. Jeder darf sich nur so viel nehmen, wie er in der Lage ist, für sich und seine Familie zu bestellen.

NEHKEL. Aha. Es gibt also durchaus eine Einschränkung in Ihrer Theorie. Gibt es noch eine weitere Aneignungsschranke?

LOCKE. Ja. Sollte jemand durch seine Arbeit mehr Güter produzieren, als er verbrauchen kann, so verstößt er nur dann gegen die *Naturgesetzregel*, wenn ihm seine Produkte verfaulen; wenn also z. B. jemand zu viele Pflaumen produziert hat und sie nicht innerhalb einer Woche verbrauchen kann. Aber diese *Aneignungsschranke*, wie Sie sie nennen, kann dieser Mensch umgehen, indem er die verderblichen Güter seiner eigenen Arbeit mit Erzeugnissen tauscht, die länger haltbar sind, z. B. Pflaumen gegen Nüsse.

NEHKEL. Was Sie meinen, ist, dass es zunächst also einen Güteraustausch, also Ware gegen Ware, gab?

LOCKE. Richtig. Aber der Güteraustausch wurde im *fortgeschrittenen Naturzustand* schnell durch den Austausch von Ware gegen Geld ersetzt, weil auf diese Weise einerseits der Tausch vereinfacht wurde und andererseits die verderblichen Güter gegen etwas Unverderbliches getauscht werden konnten. Das Geld erhielt wahrscheinlich seinen Wert durch eine Übereinkunft der

Menschen; und mit seiner Einführung war auch die Möglichkeit geschaffen worden, Reichtum zu erlangen und uneingeschränkt Eigentum zu erwerben.

NEHKEL. Hm, wenn ich Sie richtig verstanden habe, dann müsste ja mit der Einführung des Geldes auch die erste Aneignungsschranke, die: »Jeder Mensch darf sich nur so viel aneignen, dass für alle anderen genug übrigbleibt«, lautet, wegfallen.

LOCKE. Genau.

NEHKEL. Und die zweite Aneignungsschranke – »Jeder darf nur so viel produzieren, wie er selber verbrauchen kann« – fällt dann ja wohl mit der Einführung des Geldes auch weg, oder?

LOCKE. Richtig, wobei noch zu berücksichtigen ist, dass der Einführung des Geldes ein *merkantiler* Gedanke zugrunde liegt. Da das Geld die Sicherheit darstellt, dass die Güter nicht in den Händen desjenigen verderben, der sie hergestellt hat, darf er so viele Güter anhäufen, wie er will. Die produzierten Überschüsse werden in Geld verwandelt und als Kapital wieder angelegt. Formal gesprochen heißt das: Man setzt Geld ein, um Waren zu produzieren, die man mit einem *Mehrwert* verkauft. Man erhält also mehr Geld als man eingesetzt hat.

NEHKEL. Ihrer Theorie zufolge dürften in einem *fortgeschrittenen Naturzustand* oder in einer darauf folgenden *bürgerlichen Gesellschaft* nicht alle Menschen Boden besitzen und Produzenten sein.

LOCKE. Ihre Schlussfolgerung trifft ins Schwarze. Sofern die Menschen, die keinen Boden und keine Produktionsmittel besitzen, in der Lage sind, einer regelmäßigen Arbeit nachzugehen, werden sie kraft ihrer Arbeit überleben. Dafür, dass sie einem Grundbesitzer für eine gewisse Zeit ihre Arbeitskraft zur Verfügung stellen, erhalten sie einen Gegenwert in Form von Geld.

NEHKEL. Ich möchte mich noch einmal vergewissern, John: Sagen Sie, dass schon im *frühen Naturzustand* die

Voraussetzungen dafür geschaffen wurden, wer später Grundbesitzer und wer Lohnempfänger sein wird?

LOCKE. Ja, denn den Menschen ist die Erde gegeben worden, um sie sich untertan zu machen. Wer also fleißig ist, wird größeres Eigentum erhalten als derjenige, der faul ist. Die Auswirkungen der ungleichen Leistungen machen sich aber erst nach Einführung des Geldes bemerkbar, denn diejenigen, die sich keinen Boden angeeignet haben, müssen jetzt ihre Arbeitskraft verkaufen. Bettlern und Faulpelzen jedoch darf man nicht helfen, damit sie leiden und wieder arbeiten gehen. Alte, Kranke und Saisonarbeiter dagegen müssen finanziell aufgefangen und in jeglicher Hinsicht unterstützt werden.

NEHKEL. Genau wie ich betrachten Sie demnach die Arbeitskraft als eine Ware.

LOCKE. Ja, natürlich. Das von einem Lohnarbeiter hergestellte Produkt wird durch den Austausch der Ware *Arbeitskraft* mit Geld, also *Lohn*, zum unmittelbaren Eigentum desjenigen, der den Lohn zahlt. Dabei setze ich voraus, dass der Lohnempfänger nicht sein Arbeits*produkt*, sondern seine Arbeits*kraft* dem Produzenten verkauft, denn wenn der Lohnempfänger sein Arbeits*produkt* verkaufen würde, wäre er ja kein Lohnempfänger, sondern Unternehmer.

NEHKEL. Ich entnehme Ihren Ausführungen zwei Dinge: 1. sagen Sie, wer seine Arbeitskraft gegen einen bestimmten Lohn eintauscht, hat dies freiwillig gemacht. Daher kann man nicht sagen, dass er ausgebeutet wird, weil er ebenso gut auch an anderer Stelle für einen höheren Lohn hätte anfangen können zu arbeiten. Folglich ist der ausgehandelte Lohn ein gerechter. Das verhält sich genau so wie beim Kauf einer Ware, wenn Verkäufer und Käufer so lange handeln, bis sich beide Seiten auf einen akzeptablen Preis einigen. 2. scheint jede verrichtete Arbeit auch einen bestimmten Wert zu haben.

LOCKE. Das haben Sie sehr gut erklärt. Im 5. Kapitel meines Buches *Zwei Abhandlungen über die Regierung* behaupte ich, dass neun Zehntel des Wertes eines Produkts, meistens sogar neunundneunzig Hundertstel, durch die Arbeit entstehen. Lassen Sie mich an einem Beispiel verdeutlichen, was ich meine: Brachliegendes Land ist wertlos, weil es nicht mit Arbeit vermischt worden ist, während der Wert eines mit Tabak oder Weizen kultivierten Bodens wesentlich höher zu veranschlagen ist. Dennoch ist es ein großer Unterschied, ob ich Tabak oder Weizen anbaue, denn Tabak ist wertvoller als Weizen, weil er seltener vorkommt. Verfolgt man diesen Gedanken weiter, so gelangt man zu dem Ergebnis, dass Angebot und Nachfrage den Wert einer Sache bestimmen, der in dem von mir gewählten Beispiel für Tabak höher liegt als für Weizen. Dieses Konzept stimmt so lange, wie Tabak ein rares Produkt bleibt und sich gut verkaufen lässt.

NEHKEL. Es ist also nicht mehr die Arbeit, worauf es ankommt, sondern das Produkt selber.

LOCKE. Ja, genau. Diesen Gedanken habe ich aber erst in meinen *Considerations* ausgeführt und bin dort zu dem Ergebnis gekommen, dass es einen Käufer (meistens) nicht interessiert, ob jemand viel oder wenig Arbeit in die Herstellung eines Produkts investiert hat. Das Einzige, was für den Verkauf eines Produkts relevant erscheint, ist die Nachfrage, denn für ein Produkt, das selten vorkommt, in welches wenig Arbeit investiert wird und für das sich viele Käufer interessieren, wird ein weitaus höherer Preis bezahlt als im umgekehrten Fall.

NEHKEL. Gut, Ihre ökonomischen Ausführungen zeigen, dass Sie alle Hindernisse, die einer uneingeschränkten kapitalistischen Wirtschaftsweise im Wege standen, zu beseitigen wissen. Das begrüße ich, weil ich dieselbe Auffassung vertrete wie Sie. Bleibt zum Schluss noch die Frage, wie Sie mit Armen, Faulen und Bettlern verfahren.

LOCKE. Oh, da müssen wir differenzieren. Zunächst einmal sollten wir die Frage stellen, warum jemand arm ist. Handelt es sich dabei um jemanden, der nicht arbeitend tätig sein kann, weil er krank oder alt ist, oder um jemanden, der unverschuldet seinen erworbenen Reichtum verloren hat, so gilt bei diesen Personen das Gebot der *Caritas*, der Nächstenliebe. Sie müssen unterstützt werden, weil sie nicht für ihren aktuellen Zustand zur Verantwortung gezogen werden können.

NEHKEL. Das sehe ich ein.

LOCKE. Gegen Faulheit habe ich allerdings viele Einwände. Dies trifft einerseits auf diejenigen zu, die den ganzen Tag einem hedonistischen Leben frönen und nichts Produktives leisten, wie der Adel zu meiner Zeit, oder – wenn wir von Ihrer Zeit sprechen – diejenigen, die das hart erarbeitete Geld ihrer Eltern ausgeben und selber nichts leisten wollen. Zum anderen gibt es die Faulen und Bettler, die sich bei uns so sehr daran gewöhnt haben, von den Gemeinden und Kirchen oder bei Ihnen durch den Staat unterstützt zu werden, dass sie gar keine Lust mehr haben zu arbeiten. Deshalb gilt es als Erstes, ihrem liederlichen Lebenswandel durch eine konsequente Anwendung aller verfügbaren Gesetze Einhalt zu gebieten, da ihre Arbeitskraft gänzlich ungenutzt bleibt, was zu Lasten der Allgemeinheit geht. Es müssen also geeignete Maßnahmen getroffen werden, die Untätigen zur Arbeit und Erwerbstätigkeit zu veranlassen, damit sie dem Land Nutzen bringen und keinem anderen mehr zur Last fallen.

NEHKEL. Und wie stellen Sie sich das vor?

LOCKE. In meinem Bericht zur *Beseitigung der Arbeitslosigkeit*, den ich 1697 für das *Board of Trade* verfasst habe, habe ich einen Maßnahmenkatalog entwickelt, um diesem Problem Herr zu werden. Auf diesen Maßnahmenkatalog will ich hier nur kurz verweisen, aber seien Sie gewiss, dass die Arbeitsunwilligen hart herangezogen werden: Danach sollen Männer für bis zu drei Jahren in Besserungsanstalten gesteckt oder auf Schiffe verfrachtet, Frauen in Arbeitshäuser eingewiesen und Kinder in Arbeitsschulen untergebracht werden, damit sie lernen, wie und wozu man arbeitet. In diesem Zusammenhang muss festgehalten werden, dass die faulen, inaktiven Bürger immer nur von einem geliehenen Wohlstand gelebt haben, nämlich von jenem Wohlstand, den die Reichen erarbeitet haben. Ich bin der festen Überzeugung, dass der von Menschen aufgewandte Fleiß als *tugendhaft* anzusehen ist und ihnen zu Reichtum und Eigentum verhilft. Die Armut der Besitzlosen aber ist ein Zeichen der *moralischen Verkommenheit*, wodurch man auf Faulheit und Schlechtigkeit schließen kann.

Folglich ist es eine pädagogische Aufgabe, die Betroffenen, die bislang auf Kosten der Arbeit anderer gelebt haben, zu einem moralischen und dem ganzen Volk zugutekommenden Tun anzuleiten. Daher sollen alle Kinder, Frauen und Männer, die bislang nicht für ihren Lebensunterhalt aufgekommen sind, zur Arbeit zwangsverpflichtet werden. Auf diese Weise sind sie 1. keine Bürde mehr für die sie derzeit Unterstützenden und 2. tragen sie selbst ihren Teil zum nationalen Gesamtwohl bei. Würden sie dagegen weiterhin – von welcher Seite auch immer – unterstützt, wäre diese Hilfestellung eine Förderung ihrer Faulheit, und sie würden sich gar nicht erst bemühen, sich Arbeit zur Absicherung ihres Lebensunterhaltes zu suchen.

NEHKEL. Meine Überlegungen stimmen vollkommen mit Ihren überein, denn genau wie Sie stelle ich alles unter das Primat der Ökonomie.

LOCKE. Ja, das ist auch gut so. Meines Erachtens hat jedes aus armen Verhältnissen stammende Kind und jeder nichterwerbstätige Erwachsene sich dem Primat der Ökonomie zu unterwerfen, da ihm sonst zukünftig jegliche Hilfe verwehrt bleiben soll, denn die Armen und Faulen besitzen weder ein Recht auf Unterstützung durch den Staat noch ein Recht auf Unterstützung durch Reiche oder andere. Vielmehr unterliegen sie – wie jeder andere Mensch auch – dem zu Beginn meiner Erläuterungen angeführten Prinzip der Selbsterhaltung.

NEHKEL. John, Ihre Theorie ist großartig. Ich möchte mich bei Ihnen für Ihre detaillierte Erklärung herzlich bedanken. Jetzt weiß ich genau, wie ich meine morgige Vorlesung aufzubauen habe und welche Ratschläge ich den Arbeitgebern auf unserer nächsten Sitzung geben kann. Außerdem sind Ihre Thesen aus heutiger Sicht sehr provokativ und damit publikumswirksam, sodass ich sie demnächst in einer Talkshow verbreiten werde. Das wird ein Spaß. Sie müssen mich jetzt entschuldigen, ich habe zu arbeiten.

LOCKE. Schön, dass ich Ihnen habe helfen können. Sollten Sie mich noch einmal etwas fragen wollen, wissen Sie ja, wie Sie mich erreichen können.

Der Computerbildschirm verdunkelte sich kurz und Alof Nehkel saß wieder vor der Google-Seite, auf der er die Stichwörter »John Locke« und »Arbeitsbegriff« eingegeben hatte. Wie kam es dazu, dass John Locke sich ihm zugewandt hatte? Vielleicht lag die Erklärung aber auch einfach auf der Hand: Er hatte die ganze Unterredung nur geträumt. Aber: War das wirklich der Fall?

9. Was ist ein gerechter Lohn?

Karl Marx (1818–1883)
Lohnarbeit und Kapital (1849)

Die drei neuen Metall-Gewerkschaftsführer Michael Meier, Harun Demir und Jonas Schmidt sitzen in einem Besprechungszimmer der IG Metall und diskutieren, um wie viel Prozent die Löhne steigen müssten, damit die Löhne der Arbeitnehmer zum ersten Mal seit Jahrzehnten nicht nur über der Inflationsrate liegen würden, sondern einen tatsächlichen Reallohnzuwachs erzielten.

MEIER. Es ist an der Zeit, dass wir 15 Prozent mehr Geld verlangen sollten. Wir haben in den letzten 20 Jahren praktisch nur Nullrunden gefahren. Es ist an der Zeit, dass wir Metaller an den Gewinnen der Stahlkonzerne partizipieren.

SCHMIDT. Zumal die Auftragsbücher auch für die nächsten zwei Jahre schon jetzt mehr als voll sind.

DEMIR. Ich kann euch ja verstehen, Kollegen, aber dennoch müssen wir vorsichtig sein.

MEIER. Vorsichtig sein? Warum? Wir wollen endlich den Lohn erhalten, den wir verdienen. Wir müssen den Arbeitgebern eine breite Brust zeigen.

DEMIR. Du hast ja im Prinzip recht. Aber ich gebe zu bedenken, dass die Arbeitgeber damit drohen werden, Leute zu entlassen, wenn wir eine zu hohe Lohnforderung stellen.

MEIER. Ja, damit sie sich noch mehr Geld in die eigene Tasche stecken können.

SCHMIDT. Was haltet ihr davon, wenn wir uns durch einen Experten einmal erklären lassen, wie viel Gewinn ein Besitzer von Produktionsmitteln eigentlich macht. Wenn wir das wissen, haben wir eine gute Argumentationsgrundlage gegenüber den Arbeitgebern und sie können uns nicht mit irgendwelchen an den Haaren herbeigezogenen Ausreden auflaufen und dumm aussehen lassen.

DEMIR. Das ist eine gute Idee. Kennst du jemanden, der uns eventuell weiterhelfen könnte?

SCHMIDT. Gib mir mal bitte das Handy. Ich habe letzte Woche auf einer Versammlung Karl Marx kennengelernt. Er hat sehr viel über die Situation der Arbeiter geschrieben …

Jonas Schmidt telefoniert mit Karl Marx, der ihm erklärt, er sei zufällig in der Stadt. Kurze Zeit später öffnet sich die Tür des Besprechungszimmers, und Marx tritt ein.

SCHMIDT. Harun, Michael. Ich möchte euch Karl Marx vorstellen. Er ist Ökonom und Philosoph. Herr Marx, wir haben ein Problem. Die großen Konzerne werden immer reicher, aber die Arbeiter partizipieren nicht daran. Im Gegenteil. So kann es nicht weitergehen.

MARX. Besten Dank zunächst für die nette Begrüßung. Schließlich bin ich ja nicht überall ein gern gesehener Gast, schon gar nicht bei den Kapitalisten. Ich habe mich in meiner *Mehrwerttheorie* mit dem von Ihnen geschilderten Problem auseinandergesetzt. Vielleicht hilft sie Ihnen ja, eine Lösung für Ihre Fragestellung zu finden.

SCHMIDT. Na, dann sollten wir keine Zeit verlieren und mit der Analyse beginnen: Herr Marx, wie sind Sie denn zu Ihrer Mehrwerttheorie gekommen?

MARX. Als Erstes habe ich beobachtet, dass die besten Wirtschaftswissenschaftler den *Wert der Arbeit* nicht wirklich bestimmen konnten. Auf die Frage, wie der Wert der Arbeit festgelegt werden könne, antworteten sie: »Durch die in ihr steckende notwendige Arbeit.« Sie konnten also den Wert der Arbeit nur in Arbeit ausdrücken oder vereinfacht ausgedrückt: Die bisherigen Ökonomen haben sich mit ihrer Antwort im Kreise gedreht, ohne eine befriedigende Antwort zu erhalten.

MEIER. Und was war Ihre zweite Beobachtung?

MARX. Meine zweite Beobachtung bestand darin, dass die Ökonomen der Logik Gewalt angetan haben. Sie gingen in einem neuen Versuch davon aus, dass der *Wert einer Ware* gleich ihren Produktionskosten ist. Dabei untersuchten sie nicht die Produktionskosten der Arbeit, was ja auch unmöglich ist, sondern die Produktionskosten des Arbeiters. Und diese lassen sich zweifellos ermitteln. Zwar fallen die Produktionsmittel je nach Zeit und Umständen, Gesellschaftszustand, Ort oder Produktionszweig unterschiedlich aus, aber sie halten sich doch in engen Grenzen.

MEIER. Gut, das ist klar. Aber worauf wollen Sie hinaus?

MARX. Bevor ich Ihnen die Mehrwerttheorie erläutern kann, muss ich Ihnen zeigen, welche Fehler in der Lehre der sogenannten *Klassischen Ökonomie* vorliegen. Die Arbeiter stehen heute unter der Herrschaft der kapitalistischen Produktion. Die Arbeiter stellen zwar die Mehrheit der Bevölkerung dar, aber sie müssen ihre Arbeitskraft an einen *Besitzer von Produktionsmitteln*, den man auch ›Kapitalisten‹ nennt, verkaufen, wenn sie ihren Lebensunterhalt verdienen wollen.

MEIER. Das geht mir alles viel zu schnell. Vielleicht sollten wir zunächst einmal klären, was denn eigentlich diese Produktionsmittel sind, von denen Sie gerade gesprochen haben?

MARX. Produktionsmittel sind nichts anderes als Werkzeuge, Maschinen, Rohstoffe und Lebensmittel.

DEMIR. Wenn ich Sie richtig verstehe, gibt es nur wenige *Kapitalisten*, aber viele Arbeiter. Kapitalisten sind diejenigen, die aufgrund ihres Geldes die von Ihnen angesprochenen Produktionsmittel besitzen, während die Arbeiter lediglich ein Rad innerhalb der Warenproduktion darstellen. Außerdem sind die Arbeiter – obwohl sie deutlich in der Mehrheit sind – vom Kapitalisten abhängig und stehen deshalb unter dem, was Sie als ›Herrschaft der kapitalistischen Produktion‹ bezeichnen.

MARX. Sehr schön, Ihre Erklärung trifft genau den Kern der Sache.

DEMIR. Gut. Weiter.

MARX. Wenn Waren produziert werden sollen und dafür Arbeiter gebraucht werden, so gibt es Produktionskosten, die sich allein auf den Arbeiter beziehen. Damit meine ich eine bestimmte Summe von Lebensmitteln oder das Geld, das nötig ist, um diese Lebensmittel zu kaufen. Diese Produktionskosten fallen für einen Kapitalisten an, damit der Arbeiter arbeitsfähig bleibt oder nach seinem Ausscheiden aus dem Produktionsbetrieb – etwa aus Altersgründen, Krankheit oder Tod – durch einen neuen Arbeiter ersetzt werden kann.

MEIER. Das ist mir zu theoretisch. Können Sie uns das an einem Beispiel klarmachen?

MARX. Aber natürlich. Nehmen wir einmal an, der Geldpreis für Lebensmittel, die ein Arbeiter benötigt, beträgt im Durchschnitt 3 Euro am Tag. Damit der ihn beschäftigende Kapitalist ihm diese 3 Euro zahlt, muss der Arbeiter täglich 8 Stunden arbeiten. Unterstellen wir abschließend noch, dass dieser Arbeiter ein Teil für eine Maschine zu bauen hat. Die Kalkulation des Kapitalisten sieht jetzt folgendermaßen aus:

1. Er hat den vom Arbeiter zu verarbeitenden Rohstoff bereits in vorgefertigter Form für 20 Euro gekauft.

2. Die Kosten für Energie und Verschleiß der vom Arbeiter benutzten Werkzeuge betragen 1 Euro.

3. Der Arbeitslohn beträgt – das wissen wir bereits – 3 Euro. Das macht, wenn man die Einzelbeträge – 20 Eu-

ro + 1 Euro + 3 Euro – addiert, insgesamt 24 Euro. Richtig?

MEIER. Ja, das ist richtig. Aber das ist doch bestimmt noch nicht alles, oder?

MARX. Natürlich nicht. Denn jetzt kommen wir erst zum entscheidenden Schritt. Der Kapitalist rechnet sich aus, dass er das gefertigte Stück für insgesamt 27 Euro verkauft. Das heißt, er verkauft das Maschinenstück für 3 Euro über seinen ausgelegten Kosten.

MEIER. Ja, und?

MARX. Woher kommen denn diese 3 Euro, die der Kapitalist sich einsteckt?

MEIER. Diese Frage kann ich Ihnen nicht beantworten.

MARX. Der englische Philosoph, Adam Smith, der Begründer der Wirtschaftswissenschaften sowie andere klassische Ökonomen wie David Ricardo behaupten, dass die Waren im Durchschnitt zu den Werten bzw. Preisen verkauft werden, die den in diesen Waren enthaltenen notwendigen Arbeitsmengen entsprechen.

MEIER. Langsam, langsam. Das habe ich nicht verstanden.

MARX. Na gut, ich versuche Ihnen die Lehre der englischen Ökonomen in einfachen Worten zu erklären. Dazu müssen wir aber noch einmal rechnen. Unser Kapitalist legt einen Preis von 27 Euro für das Maschinenstück fest. Nach der Lehre der sogenannten Klassischen Ökonomie müsste die in diesem Maschinenstück steckende Arbeit einen Wert von 27 Euro haben. Am Anfang lagen bereits 21 Euro in vorhandenen Werten vor, ehe unser Arbeiter zu arbeiten anfing. Es bleiben also 6 Euro, die dem Wert des Rohstoffs zugefügt worden sind. Nach der Theorie der englischen Ökonomen können die 6 Euro aber nur aus der dem Rohstoff zugefügten Arbeit stammen. Die 8 Stunden, die der Arbeiter benötigt, um ein bestimmtes Teil für eine bestimmte Maschine zu bauen, haben also einen neuen Wert von 6 Euro geschaffen. Der Wert von 8 Stunden Arbeit kann also mit 6 Euro gleichgesetzt werden. Durch unsere

Rechnerei haben wir endlich entdeckt, was der *Wert der Arbeit* ist.

SCHMIDT. Einen Moment, Herr Marx. Mir leuchtet noch nicht ein, weshalb der Wert der Arbeit 6 Euro beträgt. Der Arbeiter erhält doch nur 3 Euro. Also beträgt der Wert der Arbeit doch nicht 6 Euro, sondern nur 3 Euro. Oder kann der Arbeiter auf einmal 6 Euro für seine Arbeit verlangen?

MARX. Meinen Sie nicht auch, dass ein Kapitalist einen solchen Arbeiter auslachen und zum Teufel jagen würde? – Aber Sie machen auf einen wesentlichen Umstand aufmerksam, denn irgendetwas scheint auch an dieser Theorie der englischen Ökonomen falsch zu sein.

SCHMIDT. Und was ist das?

MARX. Wenn wir die bisherigen Ergebnisse zusammenfassen, werden wir sehen, dass sich die klassischen Ökonomen in einen unlösbaren Widerspruch manövriert haben. Wir haben nach dem Wert der Arbeit gesucht und haben dabei mehr gefunden als wir tatsächlich gebrauchen können:

1. Der Wert der Arbeit für den Arbeiter, der 8 Stunden an der Produktion des Maschinenteils gearbeitet hat, beträgt 3 Euro.

2. Der Wert der Arbeit für den Kapitalisten beträgt 6 Euro, von denen er a) 3 Euro dem Arbeiter bezahlt und b) sich selbst 3 Euro in die Tasche steckt.

Aus dem Gesagten ergibt sich aber, dass Arbeit nicht nur einen Wert hat, sondern zwei Werte besitzt, die zudem sehr verschieden sind. Und das ist ein Widerspruch!

SCHMIDT. Ich verstehe.

MARX. Und dieser Widerspruch wird noch widersinniger, wenn wir folgende Überlegungen anstellen: Wir haben gesehen, dass in 8 Stunden Arbeit ein sogenannter Neuwert oder neuer Wert entsteht. In der Hälfte der Zeit, also in 4 Stunden, werden dementsprechend 3 Euro erarbeitet. Das ist aber der Lohn, den der Arbeiter für 8

Stunden Arbeit erhält. Aus diesen Ausführungen kann man folgern, dass die Arbeit zwei Werte hat, von denen der eine doppelt so groß ist wie der andere, oder dass 8 gleich 4 ist. In beiden Fällen kommt lediglich Unsinn heraus.

DEMIR. Und wo liegt ihrer Meinung nach der Fehler, den die Ökonomen seit Adam Smith begangen haben?

MARX. Sie konnten den Widerspruch nicht lösen, weil sie vom Kauf und Verkauf der Arbeit und vom Wert der Arbeit gesprochen haben.

DEMIR. Aha – und Sie sehen einen Weg, den Widerspruch aufzuheben?

MARX. Aber ja! Den gibt es, und ich würde Ihnen gerne darstellen, wie sich das Problem lösen lässt.

DEMIR. Bitte schön.

MARX. Was die alten Ökonomen als die Produktionskosten der Arbeit angesehen haben, waren nicht die Produktionskosten der Arbeit, sondern die Produktionskosten des lebendigen Arbeiters selbst. Der Arbeiter konnte seine Arbeit dem Kapitalisten gar nicht verkaufen, denn sobald seine Arbeit begann, hatte sie aufgehört ihm zu gehören. Deshalb konnte sie von ihm also nicht verkauft werden. Der Arbeiter konnte höchstens seine künftige Arbeit verkaufen.

SCHMIDT. Habe ich Sie richtig verstanden, wenn ich sage, der Arbeiter, der seine künftige Arbeit verkauft, übernimmt damit zugleich die Verpflichtung, eine bestimmte Arbeitsleistung in einer bestimmten Zeit zu erbringen?

MARX. Wunderbar. Das hätte ich selbst nicht besser formulieren können. Jetzt sehen wir, dass der Arbeiter dem Kapitalisten nicht Arbeit verkauft, denn die Arbeit müsste – wie bereits gesagt – schon geschehen sein. Es ist aber so, dass der Arbeiter dem Kapitalisten seine Arbeitskraft entweder auf Zeit (festgesetzt auf x Tage, x Monate, x Jahre oder unbefristet) oder zur Herstellung einer bestimmten Arbeitsleistung (Produktion von x Stücken der Ware y) gegen eine bestimmte Bezahlung zur Verfügung stellt. Kurz gesagt: der Arbeiter verkauft bzw. vermietet nichts anderes als seine Arbeitskraft. Die Arbeitskraft ist aber mit seiner Person verwachsen und kann nicht von ihr getrennt werden. Ihre Produktionskosten fallen daher mit den Produktionskosten des Arbeiters zusammen. Wir können somit feststellen, dass das, was die alten Ökonomen als *Produktionskosten der Arbeit* bezeichneten, nichts anderes ist als die *Produktionskosten des Arbeiters* und damit die der Arbeitskraft.

SCHMIDT. Um zu sehen, ob ich das, was Sie gesagt haben, verstanden habe, möchte ich Ihre Ausführungen noch einmal zusammenfassen: Sie behaupten, es gäbe keine *Produktionskosten der Arbeit*, sondern lediglich *Produktionskosten der Arbeitskraft*. Die Gründe dafür sind folgende:

1. Ein Arbeiter kann seine Arbeit nicht verkaufen, weil sie schon erledigt sein muss, ehe der Kapitalist sie kauft.
2. Das, was der Kapitalist vom Arbeiter einkauft bzw. der Arbeiter vermietet, ist nichts anderes als die *Arbeitskraft des Arbeiters.*
3. Die Arbeitskraft wird dem Kapitalisten für eine bestimmte Zeit zu einem Tageslohn zur Verfügung gestellt oder für die Herstellung einer bestimmten Anzahl an Produkten zu einem Stücklohn.
4. Es gibt keine Produktionskosten der Arbeit, sondern nur die Produktionskosten der Arbeitskraft.
5. Da die Arbeitskraft des Arbeiters mit seiner Person verwachsen ist, sind die Produktionskosten des Arbeiters identisch mit den Produktionskosten der Arbeitskraft.

MARX. Das haben Sie völlig richtig verstanden.

DEMIR. Jetzt weiß ich aber immer noch nicht, wie es zum Mehrwert kommt.

MARX. Wir sind ja auch noch nicht am Ende meiner Ausführungen angelangt. Der Arbeiter verkauft dem Kapitalisten also – nachdem sie einen Lohn ausgehandelt haben – seine Arbeitskraft. Der Lohn wiederum wird – wie

wir bereits festgestellt haben – auf der Basis eines Zeitlohns oder eines Stücklohns gezahlt.
Der Kapitalist führt daraufhin den Arbeiter in seine Fabrik und stellt ihm alle zur Arbeit erforderlichen Gegenstände, also: Rohstoffe, Hilfsstoffe, Werkzeuge und Maschinen zur Verfügung. Der Arbeiter beginnt daraufhin mit seiner Arbeit.
Nehmen wir für uns den Fall an, dass ein Arbeiter auf der Basis eines Zeitlohns arbeitet (wir könnten genauso gut auch den Fall des Stücklohns betrachten, weil die Auswirkungen identisch sind). Wir unterstellen wie zuvor, dass der Arbeiter 8 Stunden lang arbeitet. Wir gehen auch davon aus, dass der ausgehandelte Lohn für diese Zeit 3 Euro beträgt und der Arbeiter innerhalb dieser Zeit einen Neuwert von 6 Euro produziert. Von diesen 6 Euro bezahlt der Kapitalist dem Arbeiter 3 Euro, die weiteren 3 Euro behält er selbst. Wenn der Arbeiter innerhalb von 8 Stunden einen Wert von 6 Euro schafft, so erarbeitet er innerhalb von 4 Stunden einen Wert von 3 Euro. Er hat also dem Kapitalisten den Gegenwert der im Arbeitslohn enthaltenen 3 Euro schon nach der Hälfte seiner Arbeitszeit vergütet. Es scheint, als wären Arbeiter und Kapitalist zu diesem Zeitpunkt bereits quitt, nicht wahr?

DEMIR. Ja, das würde ich so sehen.

MARX. Weit gefehlt! Der Kapitalist wird sich zu Recht auf den Standpunkt stellen, er habe den Arbeiter nicht für 4, sondern für 8 Stunden Arbeit gemietet. Also muss der Arbeiter noch weitere 4 Stunden für den Kapitalisten arbeiten, denn der Arbeiter hat sich freiwillig vertraglich verpflichtet, für ein Arbeitsprodukt, das 4 Arbeitsstunden kostet, ganze 8 Stunden zu arbeiten.

MEIER. Das scheint nichts anderes zu sein, als was die englischen Ökonomen bereits ausgeführt haben.

MARX. Oh nein! Die besten Ökonomen scheiterten mit ihren Theorien, weil sie doch vom *Wert der Arbeit* ausgegangen sind. Dieses Problem verschwindet, wenn man vom *Wert der Arbeitskraft* ausgeht. Die Arbeitskraft ist zunächst einmal eine Ware wie jede andere Ware auch. Sie ist aber gleichzeitig eine ganz besondere Ware, weil sie die besondere Eigenschaft in sich trägt, wertschaffend zu sein. Sie ist bei geeigneter Behandlung eine Quelle von mehr Wert, als sie selbst besitzt. Die menschliche Arbeitskraft produziert nicht nur jeden Tag einen größeren Wert, als sie selbst besitzt und kostet, sondern mit jeder neuen wissenschaftlichen Entdeckung, mit jeder neuen technischen Erfindung steigert sich dieser Überschuss ihres Tagesprodukts über ihre Tageskosten. Verkürzt sich derjenige Teil des Arbeitstages, den der Arbeiter benötigt, um seinen Tageslohn zu erwirtschaften, dann verlängert sich dementsprechend der Teil des Arbeitstages, dem er dem Kapitalisten seine Arbeit schenken muss, ohne dafür bezahlt zu werden. Und so entsteht auf der Seite des Kapitalisten der *Mehrwert*.

SCHMIDT. Das heißt dann doch wohl, dass die Kapitalisten immer reicher werden, während der Lohn der Arbeiter nur langsam und unbedeutend steigt.

MARX. Ja, das ist so. Aber wir müssen auch diesen Aspekt zum Schluss noch differenziert betrachten. Nach unseren Ausführungen sind es die Arbeiter allein, die alle Werte produzieren. Allerdings gehören die von den Arbeitern hergestellten Werte nicht ihnen. Vielmehr gehören die Waren den Eigentümern der Rohstoffe, der Maschinen und Werkzeuge und des Geldes. Durch diese Verteilung sind die Eigentümer in der Lage, die Arbeitskraft der Arbeiter zu kaufen. Damit ist klar, dass die Kapitalisten den größten Teil des Erlöses für sich zurückbehalten und nur einen kleinen Teil an die Arbeiter zurückgeben.

SCHMIDT. Herr Marx, Sie haben uns eindrucksvoll an Ihren ökonomisch-philosophischen Überlegungen teilhaben lassen. Besten Dank dafür.

Liebe Kollegen, ich denke, wir drei wissen jetzt genau, was zu tun ist, oder?

10. Das Dunkel der Höhle und das Licht der Idee

Platon (427–347 v. Chr.)
Der Staat (Höhlen-, Linien- und Sonnengleichnis)

»Die Hände. Achtet einmal auf die Haltung der Hände!«, hatte Marks Philosophielehrerin gesagt. Mark stand vor einer Reproduktion von Raffaels Gemälde Schule von Athen. *Seine Lehrerin hatte das Bild heute Morgen aufgehängt, und sie hatten darüber gesprochen, welche Philosophen auf diesem Bild zu sehen sind und wie sie dargestellt werden. Sie hatten Sokrates identifiziert und Diogenes, Pythagoras, Heraklit und Epikur. Im Zentrum des Bildes finden sich Platon und Aristoteles, die wichtigsten Denker der antiken Philosophie. Aristoteles hält in seiner Linken ein Buch und zeigt mit der rechten Hand vor sich hin. Platon neben ihm hat seine rechte Hand erhoben; seine Finger weisen nach oben. Die Handhaltung des Aristoteles charakterisiert seine Philosophie, die sich mit der erforschbaren Welt vor ihm befasst, mit der Natur und der Menschenwelt, hatten sie gesagt. Aber was will Raffael mit der Geste Platons ausdrücken? Mark hatte Platons Höhlengleichnis gelesen. Eine Höhle befindet sich doch unter der Erdoberfläche. Warum zeigte also Platon nicht nach unten? Mark ging ganz nah an das Bild heran, um es noch genauer zu betrachten. Dabei berührte er es zufällig. Sonderbar – ihm bot sich gar kein Widerstand. Er konnte durch das Bild hindurchgreifen. Er ging noch näher heran und merkte, dass er sogar in das Bild einsteigen konnte. Plötzlich stand er mitten unter all diesen Philosophen – und zwar geradewegs vor Platon.*

PLATON. Hallo, Fremdling, was führt dich zu mir?
MARK. Ich, ich … ich würde gerne wissen, was es mit Ihrem *Höhlengleichnis* auf sich hat.

PLATON. Gerne, setz dich zu mir, wenn du Zeit hast. Um das Höhlengleichnis zu verstehen, müssen wir allerdings auch zwei andere Gleichnisse besprechen, die ich in meiner Schrift *Der Staat* dem Höhlengleichnis vorausgeschickt habe, das *Linien-* und das *Sonnengleichnis*.

MARK. Einverstanden. Aber können wir nicht mit dem Höhlengleichnis beginnen? Ich finde, das ist ein sehr ungewöhnliches Bild. Was haben Sie damit gemeint?

PLATON. Um das zu verstehen, solltest du dir die Details des Bildes noch einmal genau vor Augen führen. In der Höhle sitzen Menschen, die an Schenkeln und Hals so gefesselt sind, dass sie nur auf eine Wand der Höhle sehen und ihre Blickrichtung nicht ändern können. Ein Feuer im oberen Teil der Höhle verbreitet ein flackerndes Licht. Zwischen dem Feuer und den Gefesselten, hinter ihrem Rücken, verläuft entlang einer Mauer ein Weg, auf dem Menschen vorübergehen. Sie tragen wie Schausteller oder Gaukler allerlei Dinge, Geräte, Bildsäulen usw., und zwar so, dass diese die Mauer überragen. Die Gefesselten sehen davon lediglich die Schatten, die auf die vor ihnen liegende Höhlenwand fallen. Das und der Widerhall der Worte, die die Gaukler miteinander wechseln, ist alles, was sie wahrnehmen können. Aber sie können nicht wissen, dass die von ihnen wahrgenommenen Erscheinungen lediglich Schatten und Echos sind. Gefesselt dasitzend, glauben sie, dass das, was sie sehen und hören, die wirklichen Dinge seien. Nun geschieht etwas Wichtiges: Jemand befreit einen der Gefesselten und bringt ihn dazu, sich umzuwenden und ihm hinauf in den anderen Teil der Höhle zu folgen.

MARK. Darüber müsste er sehr glücklich sein.

PLATON. Nein, im Gegenteil. Der ehemals Gefesselte verlässt seinen gewohnten Aufenthaltsort nicht freiwillig, er muss dazu gezwungen werden. Jede Bewegung tut ihm zunächst weh, er ist geblendet von dem flackernden Feuer und die Abwendung von den gewohnten Schatten verwirrt seine Sinne. Nach einiger Zeit hat er sich jedoch an das Licht gewöhnt, und er kann die Gegenstände sehen, die die Gaukler auf dem Weg vor der Mauer vorübertragen und deren Schatten er ja bisher immer nur wahrgenommen hat.

MARK. Und was wollen Sie damit sagen?

PLATON. Worauf ich hinaus will, ist Folgendes: Der Mensch, der befreit wurde, hat die Möglichkeit, wirkliche Gegenstände und nicht nur Schatten wahrzunehmen. Er macht – wie ihr heute sagen würdet – eine Erfahrung. Auf Griechisch heißt »Erfahrung« *empeiría*, wovon das Wort *empirisch* abgeleitet ist. Der Befreite erkennt also schon mehr als der Gefesselte, der die Welt nur in Form von Schatten wahrnehmen und daher nur Vermutungen aufstellen kann. »Vermutung« heißt im Griechischen übrigens *eikasía*.

MARK. Wenn ich Sie richtig verstehe, dann bewegt sich der Mensch, der sich in der Höhle aufhält, in einem sinnlich-wahrnehmbaren Bereich, denn sowohl die Schatten und Echos als auch die konkreten Dinge werden durch die Sinne erfasst.

PLATON. Da hast du gut mitgedacht. Aber damit ist das Gleichnis nicht zu Ende. Derjenige, der den Menschen von seinen Fesseln befreit hat, schleppt ihn anschließend mit Gewalt den steilen Weg hinauf zum Ausgang der Höhle.

MARK. Was geschieht mit dem Befreiten außerhalb der Höhle? Ich vermute, auch dort wird er wieder geblendet sein von der Helligkeit des Sonnenlichtes, nachdem er bisher ja nur das Halbdunkel der Höhle gewohnt war.

PLATON. Richtig, und deshalb kommt der Mensch, wenn er aus der Höhle heraustritt, vorerst nachts am besten zurecht. Er erkennt zunächst auch am leichtesten die Schatten am Boden und die Spiegelungen im Wasser und erst später die wirklichen Dinge, von denen diese Schatten und Spiegelungen stammen. Und es wird ihm leichter fallen, den Mond und die Sterne am Nachthimmel anzusehen, als ins Licht der Sonne zu schauen.

MARK. Hier wiederholt sich also die Abstufung, die es bereits in der Höhle gab.

PLATON. So ist es. Aber die Schatten, die der Mensch hier wahrnimmt, stammen von natürlichen Dingen, nicht von künstlichen Gegenständen.

MARK. Und was bedeuten diese Stufen?

PLATON. Ich bezeichne die dritte Stufe mit *diánoia*, dem griechischen Wort für Verstand. Hier geht es um das Denken. Der Mensch, der aus der Höhle heraustritt, bewegt sich nicht mehr im Bereich der sinnlichen Wahrnehmung, sondern im Bereich des denkenden Erkennens.

MARK. Jetzt verstehe ich, worauf Sie hinauswollen. Sie wollen sagen, dass die meisten Menschen so leben wie die Menschen in der Höhle: an ihre Einbildungen gefesselt, den sinnlichen Wahrnehmungen verhaftet, weil das bequem ist. Nur wenige finden den Weg aus der Höhle, der steinig und beschwerlich ist, d. h., das Denken und die Auseinandersetzung mit wissenschaftlichen Fragen fällt ihnen nicht leicht.

PLATON. Genau das will ich sagen. Du bist ja richtig gut.

MARK. Es fehlt uns noch die vierte Stufe.

PLATON. Auf dieser Stufe finden wir die Gegenstände im Licht der Sonne, die in der wirklichen Welt dem entspricht, was das Feuer in der Höhle darstellt. Die Sonne ermöglicht uns, die Dinge so zu sehen, wie sie in Wahrheit sind. Der griechische Terminus für diese Stufe lautet deshalb auch *nóesis*, ›Einsicht‹.

MARK. Und um welche Einsicht handelt es sich dabei?

PLATON. Ich will es an dieser Stelle nur andeuten, weil wir später genauer darauf eingehen werden. Es handelt sich um *Ideen* oder Urbilder. Damit ist gemeint, dass der Mensch, der diese Stufe betritt, sich Vorstellungen davon machen kann, was z.B. mit »Pferd an sich« oder »Urbild des Pferdes« gemeint ist. Alle Pferde – egal welche Größe oder Farbe sie haben oder von welcher Rasse sie sind – haben ja etwas gemeinsam, das es uns ermöglicht, sie als Pferd zu erkennen. Dies nenne ich das Urbild oder die Idee des Pferdes. Genauso ist es bei Vasen, Blumen, Gerechtigkeit und anderen Dingen.

MARK. Wenn die höchste Stufe das Reich der Ideen bzw. Urbilder repräsentiert, dann müssen die beiden Stufen darunter die Abbilder vom Urbild sein. Auf der untersten Ebene finden sich dann nur noch die Abbilder der Abbilder vom Urbild.

PLATON. Sehr schön. Du bist ein guter Philosoph.

MARK. Aber mir ist noch nicht klar, was Sie mit den Stufen insgesamt aussagen wollen.

PLATON. Das Höhlengleichnis ist ein Gleichnis für das, was dem Menschen beigebracht werden muss, damit er die Möglichkeiten, die in ihm angelegt sind, verwirklicht. Ich nenne das *paideía*, was mit ›Bildung‹ oder ›Erziehung‹ übersetzt werden kann. Das Höhlengleichnis zeigt den Weg an, den ein Mensch gehen muss, um zur höchsten Stufe der Bildung zu gelangen. Auf der ersten Stufe hält er Schatten für das Wahre, auch auf der zweiten Stufe ist sein Blick immer noch vom Halbdunkel der Höhle getrübt. Selbst im Freien erkennt er die Dinge zunächst nicht, wie sie wirklich sind, sondern wiederum zunächst nur ihre Schatten und Abbilder. Im vorübergehenden Anblick der Sonne hat er das Höchste erreicht, was er erreichen kann. Das Gefesseltsein in der Höhle steht für das Gefesseltsein an Gewohnheiten, für das Gefangensein in Vorurteilen und falschem Bewusstsein. Bei jedem Aufstieg auf eine neue Stufe muss der Mensch sich von Schein und Illusionen befreien. Diese Umgewöhnung ist ein schmerzhafter Prozess. Und deshalb geht ein Mensch diesen Weg nicht freiwillig, es bedarf des Zwanges, den ein Führer, der Pädagoge, ausübt. Das Ziel des Pädagogen ist dabei die Umwendung der Seele, die hinführt zur Erkenntnis des Wahren. Diese Erkenntnis kann einem Menschen nicht beigebracht werden; jeder Mensch besitzt das Vermögen der Erkenntnis von Anfang an, aber es ist noch nicht richtig ausgerichtet. Die richtige Ausrichtung erfolgt durch die dargestellte Umwendung der Seele.

MARK. Ich finde es seltsam, dass der Pädagoge dabei Zwang und Gewalt ausübt.

PLATON. Auch das ist ja nur ein Bild. Denk doch nur an die Pädagogik meines Lehrers Sokrates, der die Menschen durch seine Fragen verwirrte und dadurch zwang, ihre Denkgewohnheiten aufzugeben. Der Zwang, der die Menschen zur Erkenntnis führt, ist letztlich die unausweichliche Gewalt des Logos, der Vernunft.

MARK. Wird ein Mensch, der aus der Höhle befreit ist, je wieder dorthin zurückkehren wollen?

PLATON. Nein, so schmerzhaft der Aufstieg auch ist, wenn man einmal bei der Wahrheit angekommen ist, möchte man nicht zurück in die Welt des Scheins. Schon Homer hat Achill sagen lassen, dass er lieber Tagelöhner eines armen Mannes sein möchte als im Reich der Schatten zu leben.

MARK. Dann verstehe ich nicht, warum der Befreite zu den Gefesselten in der Höhle zurückkehrt, wie es im weiteren Verlauf des Gleichnisses beschrieben wird.

PLATON. Derjenige, der in die Höhle zurückkehrt, ist der Philosoph, der die Menschen da unten aufklären will. Aber wenn man aus der Helligkeit ins Dunkle zurückkehrt, wird einem schwarz vor Augen. Der Philosoph kann sich in der Höhle schlecht orientieren, er wirkt weltfremd, und was er lehrt, wird von den Gefesselten als lächerlich oder sogar als gefährlich betrachtet. So läuft er Gefahr, von ihnen verspottet, angeklagt und hingerichtet zu werden.

MARK. Das wäre eine einleuchtende Erklärung dafür, dass die Athener Ihren Lehrer Sokrates zum Tode verurteilt haben.

PLATON. Richtig. Und ich wollte auf diese Weise Sokrates ein Denkmal setzen!

MARK. Und was hat das nun mit dem Liniengleichnis zu tun, das Sie vorher angekündigt haben?

PLATON. Im *Liniengleichnis* habe ich eine genaue Abstufung der Seinsweisen und der Formen des Wissens vorgenommen, die wir im Höhlengleichnis schon angesprochen haben. Stell dir eine Linie vor, die in zwei ungleiche Abschnitte eingeteilt wird, etwa im Verhältnis 2:1. Jeder dieser beiden Abschnitte wird im nämlichen Verhältnis noch einmal unterteilt, sodass insgesamt vier Abschnitte entstehen.

MARK. Dann könnte man zwischen diesen Abschnitten eine Proportion aufstellen: Das Verhältnis der großen Abschnitte a und b findet sich wieder in den kleineren Abschnitten c und d sowie e und f.

PLATON. Richtig. Betrachten wir zunächst die Zweiteilung der Linie. Der untere Teil stellt den Bereich des Sichtbaren dar, der obere den Bereich des Denkbaren. Das Sichtbare, genauer: das, was mit den Sinnen wahrnehmbar ist, nenne ich *Erscheinung*. Das, was nicht sinnlich vernommen, sondern nur gedacht werden kann, nenne ich *Idee*. Dies ist eine Grundunterscheidung von zwei Seinsbereichen, die ich an vielen Stellen meines Werkes erläutert habe. Erscheinungen sind durch Vielheit gekennzeichnet, Ideen durch Einheit. So gibt es z. B. viele Bäume, aber nur eine Idee des Baumes; es gibt mannigfache Formen von tapferem Verhalten, aber nur eine Idee von Tapferkeit; es gibt viele schöne Dinge, aber nur eine Idee von Schönheit usw. Erscheinungen sind wandelbar und vergänglich; so verändert sich z. B. die Gestalt eines Baumes im Laufe der Jahre, bis er letztlich abstirbt. Eine Idee, z. B. die Idee des Baumes, ist dagegen beständig, sie unterliegt keiner Veränderung. Beide Hauptabschnitte der Linie – Idee und Erscheinung – verhalten sich wie Urbild und Abbild zueinander: die Erscheinungen sind Abbilder der Ideen. Man könnte sagen: Die vielen sichtbaren Gestalten mit Stämmen und Ästen, die wir Bäume nennen, sind Abbilder der Idee des Baumes; in den vielen Verhaltensweisen, die wir als tapfer beschreiben, wird die Idee der Tapferkeit sichtbar usw.

MARK. Was bedeuten denn die weiteren Unterteilungen?

PLATON. Auf dem unteren Teil der Linie, im Bereich der Erscheinungen, finden wir zunächst die Dinge, die man sinnlich wahrnehmen kann, natürliche Dinge wie Pflanzen und Tiere sowie vom Menschen hergestellte Gegenstände. Der darunterliegende Abschnitt steht für die Abbilder dieser Dinge, die von Künstlern hergestellt werden, aber auch Schatten und Spiegelungen. Auf dem oberen Teil der Linie finden wir im obersten Abschnitt die Ideen und darunter die Hypothesen.

MARK. Was verstehen Sie unter *Hypothesen*?

PLATON. Denke an die Mathematik, die Geometrie. Wenn Mathematiker von einem Kreis sprechen, dann meinen sie nicht einen auf Papier gezeichneten Kreis; ein solcher Kreis ist ja immer unvollkommen. Sie beziehen sich vielmehr auf die Idee eines vollkommenen Kreises, in dem alle Punkte die gleiche Entfernung vom Mittelpunkt haben. Ein solcher Kreis existiert nicht in anschaulicher Form, sondern nur als Annahme, als Hypothese. Die Mathematiker betrachten die Ideen, die in den Erscheinungen zum Ausdruck kommen, z. B. die Hypothese des Kreises, während es im obersten Abschnitt um die Ideen selbst geht.

Wichtig ist auch zu sehen, dass zwischen den dargestellten Abschnitten eine Stufung herrscht. Die oberste Stufe ist durch Wahrheit gekennzeichnet, nach unten nimmt diese Wahrheit immer mehr ab und der Schein zu, bis wir es bei den Abbildern mit reinen Illusionen zu tun haben.

MARK. Das erinnert mich sehr an das Höhlengleichnis. Auch da wird die unterste Stufe ja als Reich der Schatten dargestellt.

PLATON. Ja, die vier Stufen, die im Liniengleichnis zu unterscheiden sind, werden im Höhlengleichnis als Entwicklungsstufen dargestellt. Menschen sind zunächst in der Höhle der sinnlichen Wahrnehmung gefangen und werden zur Erkenntnis der Ideen befreit. Auf der untersten Stufe sind sie gefesselt an die Bilder von Gegenständen, dann nehmen sie die Gegenstände der Sinnenwelt selber wahr. Außerhalb der Höhle erkennen sie die Ideen zunächst in den sinnlich wahrnehmbaren Dingen, bis sie schließlich die Ideen in reiner Form betrachten.

MARK. Eben haben Sie angedeutet, dass im Liniengleichnis auch verschiedene Wissensformen unterschieden werden.

PLATON. Ja, den Seinsbereichen lässt sich eine vierfache Abstufung des Wissens zuordnen. Auf der Stufe der Ideen können wir *epistéme*, *Wissen*, erlangen, im Bereich der Erscheinungen haben wir es mit der *dóxa*, der *Meinung*, zu tun. Der untersten Stufe, dem Betrachten der Schatten und sonstigen Abbilder, entspricht die bloße *Vermutung*, *eikasía*, die am weitesten entfernt ist von klarer Erkenntnis. Auf dieser Stufe bewegen sich für mich übrigens auch die Künstler, die Einbildungen, Illusionen schaffen. Auf der zweiten Stufe geht es um *pístis*, den verlässlichen *Glauben*. Beispielhaft dafür ist ein Handwerker, der etwa in der Lage ist, ein bestimmtes Musikinstrument herzustellen. Er scheint einiges zu wissen; aber genau besehen weiß er dies nicht, denn er kann dafür keine Gründe anführen, sondern glaubt es bloß. Auf der dritten Stufe haben wir es mit der *diánoia*, dem *Verstand*, zu tun. Hier begegnen uns die Wissenschaftler, die wie z.B. der eben erwähnte Mathematiker aus Hypothesen wissenschaftlich haltbare Folgerungen ziehen. Auf der vierten und höchsten Stufe der Erkenntnis steht die *nóesis*, die *Vernunft*, die in der Lage ist, die Ideen selbst zu erkennen. Diese Vernunft auszubilden, ist Sache der Dialektik oder Philosophie.

MARK. Dann zeigt das Höhlengleichnis also den Weg der Umwandlung der Seele von der bloßen Vermutung zur Vernunft, den Weg zur Philosophie als der höchsten Form des Erkennens. Das habe ich jetzt verstanden, aber eines ist mir noch unklar: Sie stellen im Höhlengleichnis die *Sonne* besonders heraus und setzen sie mit der Idee des Guten gleich. Was ist denn damit gemeint?

PLATON. Das habe ich in einem weiteren Gleichnis gezeigt, dem *Sonnengleichnis*. Es präsentiert ein Bild aus dem Bereich des Sehens, das auf den Bereich des Erkennens zu übertragen ist. Im Bereich des Sehens gibt es das Auge, das sieht, und den Gegenstand, der erscheint. Genauer gesagt: Mit dem Auge *können* wir sehen, das heißt, wir haben die Fähigkeit, einen Gegenstand wahrzunehmen. Der Gegenstand ist so beschaffen, dass er sichtbar ist, sich dem Auge zeigen *kann*. Wichtig ist nun Folgendes: Die Möglichkeit, einen Gegenstand zu sehen, kann nur wirklich werden, wenn es etwas Drittes gibt: die Helligkeit, das Licht. Im Dunkeln kann das Auge nichts erkennen und der Gegenstand ist nicht sichtbar. Das Licht ist es, was das Auge wirklich sehen lässt und den Gegenstand wirklich erscheinen lässt.

MARK. Sie haben in diesem Zusammenhang das Bild eines Jochs benutzt. Was wollen Sie damit sagen?

PLATON. Ein Joch, unter dem zwei Zugtiere gehen, vereint die Kräfte der beiden Tiere. Und so verbindet das Licht das Auge, das sehen kann, und den Gegenstand, der erscheinen kann, miteinander, damit wirklich etwas gesehen wird. Das Licht verweist aber wiederum auf etwas anderes, es leuchtet ja nicht von selbst, sondern stammt von der Sonne. Sie ist die Quelle des Lichts, mithin die erste Ursache von allem im Bereich des Sehens.

MARK. Wie lässt sich das auf das Erkennen übertragen?

PLATON. Dem Sehvermögen, dem Auge, entspricht das Erkenntnisvermögen, die Vernunft, und dem Gegenstand des Sehens entspricht der Gegenstand der Erkenntnis. Die Vernunft besitzt die Fähigkeit, etwas zu erkennen, und die Gegenstände sind so beschaffen, dass sie erkannt werden können.

MARK. Das verstehe ich. Aber was entspricht dem Licht, was ist hier das Dritte, das beides wie ein Joch miteinander verbindet, damit wirklich etwas erkannt wird? Das haben Sie im Liniengleichnis nicht eigens genannt.

PLATON. Es wird hier zwar nicht eigens genannt, aber nach dem, was eben gesagt wurde, sollte klar sein: Der Helligkeit des Lichts entspricht die Wahrheit der Idee. Erkenntnis kommt nicht schon dadurch zustande, dass ich etwas in seiner sinnlichen Erscheinung wahrnehme, sondern dadurch, dass ich mithilfe des Denkens die Idee erfasse, an der die Erscheinung teilhat. Die Idee ist es, die Wahrheit mitbringt. Das griechische Wort für ›Wahrheit‹ bedeutet ›Unverborgenheit‹, *alétheia.* Wenn sich das Denkvermögen auf etwas richtet, das nicht verborgen ist, sondern im wahrheitsspendenden Licht der Idee glänzt, dann erkennen wir es.

MARK. Dann ist die Wahrheit Bedingung für das Erkennen, wie das Licht die Bedingung für das Sehen ist?

PLATON. So könnte man es sagen. Betrachte beispielsweise das Blatt eines Kastanienbaumes. Wenn du über die Idee verfügst, wie ein Blatt einer Kastanie aussieht, dann erkennst du es als solches. Wenn du diese Idee nicht hast, kannst du nicht sagen, von welchem Baum das Blatt stammt, auch wenn du es noch so deutlich siehst. Erkenntnis kommt nicht schon durch das sinnliche Vernehmen, sondern erst durch das Schauen der Idee zustande.

MARK. Sie wollten mir noch die Idee des Guten erklären.

PLATON. Ja. Wie das Licht eine Quelle hat, nämlich die Sonne, so gibt es eine Quelle der Ideen, eine erste Ursache für alles Erkennen; die nenne ich die Idee des Guten oder das Gute.

MARK. Was hat das denn mit Gutsein zu tun?

PLATON. Unter dem Guten darfst du dir hier nicht das moralisch Gute vorstellen oder das, wonach alle Menschen streben. ›Gut‹ bedeutet ursprünglich so viel wie ›tauglich‹. Das Gute ist das, was etwas tauglich macht zu dem, was es ist. Der Idee des Guten verdanken die Ideen ihr Tauglichsein, ihre Fähigkeit, die Dinge ins Licht der Wahrheit zu rücken und die Vernunft darin etwas erkennen zu lassen.

MARK. Ich habe die Ideen bisher immer für Produkte der menschlichen Vernunft gehalten. Aber wenn die Idee des Guten der Ursprung der Ideen ist, dann würde das ja bedeuten, dass die Ideen gar nicht der Vernunft entspringen.

PLATON. So ist es. Das Auge ist zwar sonnenähnlich, aber nicht die Sonne, und so ist die Vernunft gutähnlich, aber nicht das Gute. Die Ideen entspringen einer Quelle, die noch über der Vernunft steht. Sie sind nichts Subjektives, sondern objektive Strukturen der geistigen Wirklichkeit; sie existieren auch unabhängig von der menschlichen Vernunft.

MARK. Heißt das, es gäbe die Idee der Gerechtigkeit z.B. auch dann, wenn keine Menschen existierten und keine menschliche Vernunft, die sie erkennen könnte?

PLATON. Davon bin ich überzeugt. Über die Sonne lässt sich übrigens noch etwas sagen: Sie ist nicht nur die Ursache für das Licht und damit für das Sehen, sie ist auch das, was die natürlichen Dinge entstehen und gedeihen lässt, den Lebewesen Nahrung gibt usw., also die Ursache für das Sein und Werden von allem. Und so muss man sich die Idee des Guten nicht nur als erste Ursache des Erkennens, sondern auch des Seins denken. Das Bild der Sonne verweist also auf den göttlichen Ursprung von allem, was ist.

MARK. Kann man darüber noch mehr sagen?

PLATON. Nein, denn in die Sonne kann man nicht lange schauen, ohne sich die Augen zu verderben. Mit der Idee des Guten ist eine Grenze unseres Erkenntnisvermögens erreicht.

MARK. Eine letzte Frage: Sie sagten, Sie haben die drei besprochenen Gleichnisse in der Schrift *Der Staat* veröffentlicht. Was hat das, worüber wir gesprochen haben, mit einem Staat zu tun?

PLATON. In dieser Schrift gehe ich der Frage nach, wie ein idealer Staat beschaffen sein soll. Das vorhin angesprochene Schicksal des Sokrates hat gezeigt, was geschehen kann, wenn Sophisten und Demagogen im Staat das Sagen haben. Daher ist es wichtig, dass die Führung des Staates nur denen überlassen wird, die fähig sind, die Ideen selbst zu schauen, die wissen, was das Gute ist und was Gerechtigkeit usw. Das sind die Philosophen. Und deshalb müssen entweder die Philosophen Herrscher werden oder die Herrscher zu Philosophen werden.

MARK. Vielen Dank für diese Erklärungen, Platon. Ich würde mich aber freuen, wenn ich Sie noch einmal besuchen dürfte.

PLATON. Das kannst du gerne tun.

Mark war glücklich. Er konnte sich jetzt gut vorstellen, weshalb Raffael Platon mit der Hand nach oben zeigend dargestellt hatte.

11. Wie der Mensch zu Ideen gelangt

John Locke (1632–1704)
Versuch über den menschlichen Verstand (1690)

Die Jahrgangsstufe 13 des Descartes-Gymnasiums ist aufgeregt, denn gleich sollen sie den ungewöhnlichsten Philosophieunterricht in ihrer Schullaufbahn erleben. Sylvia stupst ihre Freundin Tina an: »Hast du auch gehört, dass wir heute Besuch bekommen sollen?« – »Ja, irgendein Empirist traut sich in die Höhle des Löwen«, entgegnet Tina. »Was meinst du damit?« – »Mein Gott, bist du auf den Kopf gefallen? Der französische Philosoph Descartes war doch Rationalist, unsere Schule ist nach ihm benannt, und unser Philo-Lehrer ist ebenfalls bekennender Rationalist. Und jetzt besucht uns ein Empirist, um uns seine Theorie wahrscheinlich in einem langweiligen Vortrag zu erläutern«, erklärt Tina ihrer Freundin.

In diesem Moment geht die Klassenzimmertür auf. Nicht ihr Lehrer, sondern ein großer, schlanker Mann mit einer etwas zu lang geratenen Nase und einer Lockenperücke, die weit über seine Schultern ragt, tritt ein. Das dunkelbraune Gewand, das er trägt, stammt zweifelsfrei aus dem 17. Jahrhundert. Alle Schülerinnen und Schüler verfolgen mit neugierigen Blicken den Eintritt des Mannes und begeben sich schnell auf ihre Plätze. Der Mann schaut freundlich in die Runde, lächelt und beginnt zu reden.

LOCKE. Liebe Schülerinnen und Schüler. Ich bedanke mich recht herzlich für die Einladung in euren Philosophieunterricht. Das passiert uns Philosophen leider nicht allzu oft. Deshalb fühle ich mich sehr geschmeichelt.
Mein Name ist übrigens John Locke, und ich stamme aus Oxford. In meinem Leben habe ich mich für viele Dinge interessiert und eingesetzt: Ich engagierte mich

politisch und wurde deshalb verfolgt. Darum musste ich für einige Jahre nach Holland ins Exil gehen. In der Medizin habe ich als Erster einen Luftröhrenschnitt gewagt – das ist heute nichts Außergewöhnliches mehr –, und konnte dadurch meinem Freund Shaftesbury das Leben retten. Auch in Fragen der Pädagogik und Theologie habe ich – so sagt man – wichtige Beiträge geleistet.

Aber von allen Disziplinen, mit denen ich mich beschäftigte, ist mir die Philosophie immer noch die liebste. Neben den *Zwei Abhandlungen über die Regierung* habe ich noch ein zweites Hauptwerk geschrieben, nämlich den *Versuch über den menschlichen Verstand*. Es mag für euch heute vielleicht überraschend klingen, aber dieses Buch hat Geschichte gemacht, weil ich mich mit ihm an den *common sense* der breiten Bevölkerung richte und ich es nicht für Philosophen oder andere Gelehrte geschrieben habe. Und damit sind wir auch schon bei unserem heutigen Thema, nämlich der Frage, wie Erkenntnisse oder Ideen in unser Bewusstsein gelangen. Bevor ich euch meine Theorie darstelle, möchte ich euch bitten, mich immer dann zu unterbrechen, wenn ihr Fragen habt oder euch etwas unklar ist.
Meine Lehre beginne ich ähnlich wie Descartes mit der Frage nach Ursprung, Sicherheit und Ausdehnung des menschlichen Willens. Meine Absicht dabei ist es, Ziel, Ursprung, Gewissheit und Umfang der menschlichen Erkenntnis zu untersuchen. Gleichzeitig versuche ich nachzuweisen, dass der von Descartes vertretene *Innatismus*, also die Lehre vom Ursprung der menschlichen Erkenntnis, wonach grundlegende theoretische und praktische Prinzipien dem menschlichen Geist angeboren sind, nicht haltbar ist.

SYLVIA. Mr. Locke, vielleicht darf ich Ihnen schon an dieser Stelle ein Frage stellen: Wie wollen Sie zeigen, dass wir Menschen keine angeborenen Ideen haben? Mir scheint die Theorie von Descartes sehr plausibel.

LOCKE. Das ist eine gute Frage und ich versuche, sie so präzise wie möglich zu beantworten. Ich gehe von der Annahme aus, dass der Mensch weder mit fertigen Ideen noch mit fertigen theoretischen oder praktischen Prinzipien geboren wird. Allerdings besitzt er von Natur aus ein Erkenntnisvermögen, das ihm die Bildung von Ideen und Prinzipien ermöglicht. Kurz gesagt: Der Mensch bringt schon einiges mit, wodurch er Erkenntnisse erlangen kann, tatsächliche Erkenntnis erhält er aber erst durch die Erfahrung. Aus diesem Grund kann der Mensch keine angeborenen Ideen besitzen, sondern der menschliche Geist muss bei der Geburt eine *tabula rasa* sein.

TINA. *Tabula rasa* bedeutet doch so viel wie ›unbeschriebenes Blatt‹, nicht wahr?

LOCKE. Ja. Der Geist ist ein unbeschriebenes Blatt. Wie das weiße Blatt Papier frei von Schriftzügen ist, so ist das Bewusstsein bei der Geburt ohne jegliche Idee.

TINA. Dann interessiert mich jetzt Ihre Auffassung, wie wir zu Erkenntnissen gelangen.

LOCKE. Das Material für seine Vernunft und Erkenntnis erhält der Mensch aus der Erfahrung.

TINA. Und wie geht das genau vor sich?

LOCKE. Jeder Mensch besitzt ein Bewusstsein und denkt. Deshalb glaube ich, dass jeder meine methodische Vorgehensweise nachvollziehen kann, denn sie beruht auf der eigenen Beobachtung und Erfahrung. Das Denken beschäftigt den Geist, der sich wiederum mit Ideen auseinandersetzt. Daher ist es unzweifelhaft, dass die Menschen in ihrem Geist bestimmte Ideen haben. Jeder von uns weiß doch genau, was durch die Wörter ›Weiße‹, ›Härte‹, ›Süßigkeit‹, ›Denken‹, ›Bewegung‹, ›Mensch‹, ›Elefant‹, ›Armee‹, ›Trunkenheit‹ usw. ausgedrückt werden soll.

SYLVIA. Vielleicht können Sie uns noch einmal deutlich machen, was Sie unter einer Idee verstehen, denn dieser Aspekt ist in Ihrer Darstellung bislang noch unscharf geblieben.

LOCKE. Liebend gern. Der Geist hat bei allem Denken und Folgern kein anderes unmittelbares Objekt als seine eigenen Ideen; er kann nur sie betrachten. Daher ist es offenbar, dass unsere Erkenntnis lediglich mit unseren Ideen operiert. Was ich meine, ist Folgendes: Einerseits gilt nach meinen bisherigen Ausführungen doch wohl, dass es ohne Idee keine Erkenntnis geben kann, weil es in diesem Fall nichts zu wissen gibt. Andererseits kann man nur den Schluss ziehen, dass dort, wo Bewusstsein vorhanden ist, auch Ideen existieren müssen.

TINA. Verstehe ich das richtig, wenn ich sage, Sie gehen in Ihrem erkenntnistheoretischen Ansatz vom Vorhandensein von Bewusstseinsinhalten aus?

LOCKE. Nur so kann ich die Frage stellen, wie der Mensch Ideen erhält und auf welchen Wegen und Stufen sie in das Bewusstsein des Menschen gelangen. Dies kann nicht über angeborene Ideen geschehen. In diesem Punkt irrt sich Descartes. Es stellt sich also die Frage, woher der Mensch das Material für seine Vernunft und Erkenntnis nimmt. Die Antwort auf diese Frage liegt aber auf der Hand. Er nimmt es aus der Erfahrung.

SYLVIA. Und was genau verstehen Sie unter Erfahrung?

LOCKE. Erfahrung unterteile ich in zwei Bereiche. Der eine Bereich umfasst die *Sinneswahrnehmung*, der andere die *Selbstwahrnehmung*. Mit dieser Unterscheidung möchte ich deutlich machen, dass der Ursprung unserer Ideen sich entweder auf eine äußere oder eine innere Erfahrung zurückführen lässt. Die äußere Erfahrung ist die Sinneswahrnehmung, die innere Erfahrung die Selbstwahrnehmung.

Die Ideen der wahrnehmbaren Eigenschaften der Dinge erhalten wir durch unsere Sinne, also durch Sehen, Hören, Riechen, Schmecken und Fühlen. Sie sind die wichtigsten Quellen der meisten unserer Ideen, denn die meisten unserer Ideen hängen von unseren Sinnen ab und werden von dort dem Verstand zugeleitet. Deshalb nenne ich diese Quelle *Sensation.*

Zum anderen bin ich davon überzeugt, dass der innere Sinn uns Ideen von den Operationen des menschlichen Geistes gibt. Dazu gehören z. B. Wahrnehmen, Denken, Zweifeln, Glauben, Schließen, Erkennen, Wollen und andere Tätigkeiten, die unser eigener Geist vornimmt. Diese Quelle nenne ich *Reflexion*, weil durch sie die Ideen geliefert werden, die der Geist durch eine Beobachtung seiner eigenen inneren Operation gewinnt.

SYLVIA. Können Sie das konkreter darstellen?

LOCKE. Ich will es versuchen. Über die von uns gemachte Erfahrung durch die Wahrnehmung der Sinne bzw. der Sensation gelangen die Ideen in der Mehrzahl der Fälle in das Bewusstsein. Dabei spielt es keine Rolle, welcher Sinn angesprochen wird, sondern dass die Geruchs-, Tast-, Geschmacks-, Hör- und Sehsinne gleichermaßen mit bestimmten sinnlich wahrnehmbaren Objekten in Berührung treten. Je nachdem, wie diese Objekte auf die Sinne wirken, empfinden wir sie subjektiv als gelb, weiß, kalt, weich, hart, bitter, süß usw. Auf diese Weise gelangen wir zu den Ideen der äußeren Gegenstände, die schließlich dem Verstand zugeleitet werden. Somit stellen die Sinne die eine Quelle der Erfahrung dar.

Die andere Quelle der Erfahrung sind die Tätigkeiten des Geistes. Darunter verstehe ich solche innere Tätigkeiten, die den Verstand mit Ideen versehen, die nicht aus den äußeren Dingen zu gewinnen sind. Diese Ideen kann man auch Operationen des Geistes nennen und ich habe vorhin schon angeführt, um welche es sich dabei handelt, nämlich Wahrnehmen, Denken, Zweifeln, Glauben, Folgern, Wissen, Wollen usw. Die von mir angeführten Begriffe machen deutlich, dass sich die Reflexion nicht auf äußere Dinge beziehen kann, weil sie im Inneren des Menschen liegt. Daher kann sie auch kein eigentlicher Sinn sein, aber sie ist doch etwas sehr Ähnliches und kann daher als *innerer Sinn* bezeichnet werden.

TINA. Nach dem, was Sie sagen, können Ideen nur unmittelbare Gegenstände des Bewusstseins sein, wobei der Geist manchmal auf die Ideen einwirkt und umgekehrt die Ideen manchmal auch den Geist beeinflussen.

LOCKE. Ja, das sehe ich so. Der Verstand nimmt nämlich nicht nur mithilfe der *Sensation* äußere Dinge wahr, sondern erlebt auch psychische Zustände und Vorgänge.

Meine Lehre besagt, dass *Sensation* und *Reflexion* die beiden ausschließlichen Quellen sind, aus denen der Verstand seine Ideen empfängt, und dass es keine einzige Idee im Bewusstsein des Menschen gibt, die nicht auf dem einen oder anderen Weg eingeprägt worden wäre.

TINA. Sind die beiden Ursprünge der Ideen dann nicht passive Vorgänge?

LOCKE. Ja, es verhält sich so, wie du sagst. Die Reflexion beginnt erst eine aktive Rolle zu spielen, wenn der Geist durch Kombinationen *einfacher Ideen* zu komplexen Vorstellungen gelangt. Dies geschieht beispielsweise, indem die vorliegenden Materialien verglichen oder verbunden werden. Und dies kann in fast unendlicher Mannigfaltigkeit geschehen, sodass der menschliche Verstand auf diese Weise neue *komplexe Ideen* bilden kann.

SYLVIA. Einfache Ideen? Komplexe Ideen? Sie haben Begriffe eingeführt, die ich und die meisten der hier Anwesenden nicht kennen dürften.

LOCKE. Oh ja. Entschuldigung. Natürlich müssen wir zunächst diese Begriffe klären, bevor wir mit ihnen weiterarbeiten können.

Also, unter *einfachen Ideen* verstehe ich Ideen, die direkt von einem Objekt stammen. Ich unterteile sie übrigens in vier Gruppen: 1. Manche Ideen gelangen nur durch einen einzigen Sinn in unseren Geist, wie z. B. die Idee der Farbe durch das Auge. 2. Andere Ideen finden durch mehr als einen Sinn Eingang in unseren Geist, wie

etwa die Größe eines Objekts. 3. Wiederum andere Ideen gewinnen wir nur durch Reflexion, so z. B. die Idee des Denkens oder Wollens. Schließlich gibt es 4. noch solche Ideen, die auf allen Wegen der Sensation und Reflexion dem Geist nahegebracht werden, wie z. B. ›Dasein‹ oder ›Vergnügen‹. Kurz gesagt: Man kann die Ideen, die direkt durch Sensation und Reflexion hervorgebracht werden, als einfache Ideen bezeichnen.
Komplexe Ideen dagegen entstehen durch die Kombination der einfachen Ideen und durch den Gebrauch der Fähigkeiten des Vergleichens, Trennens, Verbindens und Abstrahierens.

SYLVIA. Können wir das an einem konkreten Beispiel durchspielen?

LOCKE. Gerne. Vielleicht können wir ja zunächst versuchen nachzuweisen, wie ein Kind zu der Idee ›Mensch‹ gelangt. Also: Alle Personen, mit denen ein Kind zusammenkommt, sind für das Kind Einzelideen. Somit kann ein Kind z. B. zwischen der Einzelidee ›Amme‹ und der Einzelidee ›Mutter‹ klar differenzieren. Beide Ideen sind nämlich in seinem Geiste gut ausgebildet und stellen Bilder dar, die dort von der ›Amme‹ und der ›Mutter‹ vorhanden sind. Aufgrund dieser Tatsache geben Kinder den Einzelwesen genau jene Namen, die auf den betreffenden Erwachsenen beschränkt sind. In unserem Fall heißt das, das Kind wird der Mutter den Namen ›Mutter‹ und der Amme den Namen ›Amme‹ zuordnen.

TINA. Der Geist des Kindes beginnt also, wenn ich Ihre bisherigen Ausführungen richtig verstanden habe, mit einer Einzelidee, z. B. der Idee Mutter. Dabei geht der Geist so vor, dass er nach und nach verschiedene Komponenten von dieser Idee entfernt, wie etwa die einfachen Ideen der Hautfarbe, Gestalt und Größe der Mutter, die von den Äußerlichkeiten der Amme verschieden sind. Auf diese Weise gelangt das Kind zu einer allgemeinen oder besser gesagt: zu einer allgemeineren Idee. In unserem Beispiel wäre die allgemeine Idee eine ›Frau‹

– und zwar irgendeine Frau. Bei der Idee ›Frau‹ handelt es sich dann um eine einfache Idee. Erst wenn die Idee ›Frau‹ in Relation zu etwas anderem gesetzt wird, wird sie zu einer komplexen Idee.

LOCKE. Das hast du gut dargestellt. Die komplexe Idee ist hier mit einer *abstrakten Idee* gleichzusetzen. Es ist dieselbe Idee, von der der Geist ausgegangen ist, allerdings um einige Bestandteile ihres ursprünglichen Inhalts beraubt. Dies nennt man auch *partielle Idee*.

Allerdings hast du noch einen wesentlichen Punkt vergessen. Das Kind erkennt im Vergleich zwischen Mutter und Amme nicht nur Unterschiede, sondern auch Gemeinsamkeiten in Größe, Gestalt und Hautfarbe. Später, wenn das Kind seinen Gesichtskreis erweitert hat, werden ihm zudem auch derartige Gemeinsamkeiten mit anderen Personen, z. B. dem Vater, bewusst. Es bildet eine Idee, an der nach seiner Ansicht viele Wesen teilhaben. Dieser Idee gibt es z. B. den Namen ›Mensch‹. Auf dem Weg dorthin muss das Kind immer wieder Abstraktionen vornehmen. Man kann dabei etwa an Geschlechtsmerkmale denken, die Mutter und Vater voneinander unterscheiden und die das Kind eliminieren muss. In diesem Prozess schafft das Kind aber nichts Neues. Es schaltet aus der komplexen Idee nur dasjenige aus, was jeder Person eigentümlich ist, und behält das zurück, was allen gemeinsam ist.

TINA. Auf gleiche Weise müsste das Kind auch zu weiteren allgemeinen Begriffen gelangen, wenn es weiterhin vergleicht, trennt, verbindet und abstrahiert. Ich stelle mir das so vor: Das Kind sieht auf einmal Wesen, die sich in bestimmten Eigenschaften oder Merkmalen vom Menschen unterscheiden. Indem es nun die Eigenschaften, die ausschließlich auf den Menschen zutreffen, ausschließt, bleibt dann beispielsweise ein lebendiger Körper übrig, der Sinne hat und mit einer aus eigenem Antrieb erfolgenden Bewegung ausgestattet ist. Diesem Wesen gibt er den allgemeinen Namen ›Tier‹.

LOCKE. Das hört sich so an, als hättest du meinen *Versuch über den menschlichen Verstand* gelesen. Du triffst nämlich den Nagel auf den Kopf. Ich bin davon überzeugt, dass man nur durch das von dir und mir beschriebene Verfahren zu Ideen gelangen kann. Um das zu beweisen, braucht man nichts weiter zu tun, als den gewöhnlichen Vorgang des Erkennens bei sich und anderen zu beobachten.
Übrigens ist der Abstraktionsprozess an dieser Stelle noch nicht abgeschlossen. Der nächste Schritt wäre, dass unser Kind aus den komplexen Ideen ›Mensch‹ und ›Tier‹ nun all jene Dinge ausscheidet, durch die sie sich unterscheiden. So wird die komplexe Idee, die aus den restlichen einfachen Ideen des Körpers, des Lebens und der Ernährung gebildet wird, eine noch allgemeinere Idee, die den umfassenden Namen ›Lebewesen‹ erhält.
Ich möchte meine Ausführungen mit dem Hinweis schließen, dass der Geist aufgrund dieser Vorgehensweise zu Begriffen wie ›Körper‹, ›Substanz‹ und schließlich zu ›Wesen‹, ›Ding‹ gelangt und zu ähnlichen Ausdrücken, die alle unsere Ideen, welcher Art sie auch sein mögen, bezeichnen. Wir haben es also mit abstrakten Ideen zu tun, die mehr oder weniger umfassend sind und denen man Namen gegeben hat. In allen Fällen gilt ausnahmslos, dass jeder allgemeinere Ausdruck eine Idee vertritt und nur einen Teil davon darstellt, was darunter erfasst wird.
Ich bedanke mich für eure Aufmerksamkeit.

Der Applaus des Philosophie-Kurses will gar nicht enden, doch schließlich verabschiedet sich John Locke von den Abiturienten. Kaum hat er den Klassenraum verlassen, wendet sich Tina an Sylvia.

TINA. Weißt du was? Ich glaube, dass Locke recht hat, wenn er den Innatismus-Gedanken von Descartes verwirft. Lockes Theorie ist viel einleuchtender und greifbarer als die von Descartes. Aber zwei Dinge stören mich dennoch an dem, was Locke hier vorgetragen hat. Erstens scheint mir, kann der Prozess der Abstraktion wahrscheinlich endlos weitergeführt werden, denn man kann im Vorhinein nicht sicher sein, wie viele oder wie wenige Gemeinsamkeiten zwischen Personen bzw. Gegenständen Teil einer abstrakten Idee sind. Und zweitens bin ich davon überzeugt, dass kein Kind zur Idee ›Mensch‹ so kommt, wie Locke es dargestellt hat. Kannst du dir vorstellen, dass ein Kind die unterschiedlichen Merkmale bei Personen ausscheidet und den Rest zu einer Idee zusammenfasst? Ich jedenfalls nicht. Viel wahrscheinlicher ist, dass ein Kind den Begriff ›Mensch‹ lernt, indem es ihn einfach von den Erwachsenen übernimmt, oder?

SYLVIA. Das ist ein interessantes Problem, zu dem ich spontan noch keine Meinung habe. Vielleicht sollten wir das Thema in unserer nächsten Philosophie-Stunde erörtern. Dann werden wir uns nämlich mit der Theorie des irischen Bischofs und Philosophen George Berkeley beschäftigen. Soviel ich weiß, hat er sich intensiv mit der Lehre von Locke auseinandergesetzt und sie kritisiert.

12. Erfahrung statt Vernunft

David Hume (1711–1776)
Eine Untersuchung über den menschlichen Verstand (1748)

Tina und Sylvia sitzen wieder einmal vor der Philosophie-Stunde zusammen und unterhalten sich.

TINA. Als vor vierzehn Tagen John Locke bei uns zu Besuch war, fand ich das richtig gut. Er hat uns auf sehr nette Weise seine Theorie dargestellt. Natürlich weiß ich heute, dass sie nicht in sich schlüssig ist; dennoch ist durch Locke die Erkenntnistheorie nach vorne gebracht worden. Revolutionär aber müssen die Gedanken von Hume gewesen sein. Deshalb bin ich gespannt, was er uns heute zu erzählen hat.

SYLVIA. Hume kommt? Wow, das ist ja toll. Dann haben wir zwei der drei berühmten Vertreter des *englischen* oder *klassischen Empirismus* bei uns zu Gast gehabt.

TINA. Das stimmt. Allerdings finde ich den Begriff ›englischer Empirismus‹ nicht treffend. Der einzige Engländer unter den drei bekanntesten Empiristen ist nämlich John Locke. George Berkeley ist Ire und David Hume Schotte. Deshalb müsste man eigentlich vom ›britischen Empirismus‹ sprechen, oder?

SYLVIA. Da kann ich dir nur zustimmen. – Aber schau mal, wer da unseren Klassenraum betritt.

Ein etwas dickerer, lächelnder Herr mit einem Billard-Queue in der Hand betritt den Klassenraum. Sofort setzen sich alle Schülerinnen und Schüler und schauen aufmerksam den sich langsam zum Pult bewegenden David Hume an.

HUME. Hallo miteinander. Ich habe schon gehört, dass dies ein guter, philosophisch versierter Kurs ist. John Locke hat mir erzählt, dass er viel Spaß mit euch gehabt hat. Na, mal sehen, wie das heute wird. Ich jedenfalls freue mich auf euch. Lasst uns gleich anfangen, denn ich habe nicht allzu viel Zeit, weil ich noch an einem wichtigen Billard-Turnier teilnehmen möchte.

Der Ausgangspunkt für meine erkenntnistheoretischen Überlegungen ist die Unterscheidung von *impressions* oder *Sinneseindrücken*, wie ihr auf Deutsch sagen würdet, sowie *thoughts* und *ideas*, die ihr *Gedanken* und *Vorstellungen* nennt. Unter *impressions* verstehe ich alle unsere lebhaften Wahrnehmungen, wenn wir z. B. hören, sehen, fühlen, lieben, hassen, begehren oder wollen. Diese Beispiele machen deutlich, dass unsere *Sinneseindrücke* stärker ausgeprägt sind als unsere Vorstellungen. Vorstellungen sind die weniger lebhaften Wahrnehmungen, deren wir uns eigentlich nur bewusst sind, wenn wir eine der gerade genannten Wahrnehmungen oder Gemütsregungen reflektieren.

TINA. Herr Hume, entschuldigen Sie, wenn ich Sie unterbreche. Habe ich Sie richtig verstanden, wenn ich sage, dass Sie die Vorstellungen im Vergleich zu den Sinneseindrücken als schwächer und weniger lebhaft betrachten, weil sie nicht direkt auf uns einwirken, sondern sie uns erst bewusst werden, wenn wir über etwas nachzudenken beginnen, das wir wahrgenommen haben oder das in uns Gefühle auslöst?

HUME. Ja, das ist genau meine Auffassung.

SYLVIA. Aber ist es nicht genau umgekehrt? Sind es nicht unsere Sinneseindrücke, die viel schwächer sind als unsere Vorstellungen? Wenn ich meinen Gedanken freien Lauf lasse, dann führen sie mich doch in die entlegendsten Gegenden und ich kann mir Dinge vorstellen, die es gar nicht gibt.

HUME. Gut, dass du diesen Punkt ansprichst. Auf den ersten Blick scheint unser Denken völlig unbegrenzt zu sein. Wir haben den Eindruck, dass es sich aller menschlichen Macht entzieht und nicht einmal den Grenzen von Natur und Wirklichkeit unterworfen ist. Wir können uns mühelos Monster erschaffen, nicht zueinanderpassende Figuren und Erscheinungen miteinander verbinden, uns in die fernsten Gebiete des Universums tragen oder unsere Vorstellungen sogar noch darüber hinausgehen lassen. All diese Vorstellungen können durch unsere Einbildungskraft genauso leicht produziert werden wie Vorstellungen von uns vertrauten Gegenständen, z.B. Gabeln, Hunden oder Häusern.

Wir meinen also, unser Denken besäße eine unbegrenzte Freiheit. Doch bei näherer Prüfung werden wir schnell feststellen, dass unser Denken sehr begrenzt ist. Alles, was unser Geist produziert, beruht auf dem Material, das ihm durch die Sinne und Erfahrung vorgegeben ist. Somit ist der Geist in der Lage, das ihm bekannte Material zu verbinden, zu transportieren, zu vermehren oder zu vermindern.

SYLVIA. Können Sie Ihre These an einem Beispiel deutlich machen?

HUME. Selbstverständlich. Nehmen wir einen goldenen Berg. Hier verbinden wir nur zwei vereinbare Vorstellungen miteinander, nämlich Gold und Berg, beides Vorstellungen, die uns von früher bekannt sind. Ein tugendhaftes Pferd können wir uns ebenso vorstellen, weil wir aus unserem eigenen Gefühl eine Vorstellung von Tugend haben und wir diese mit Gestalt und Aussehen eines Pferdes in Verbindung bringen können, da es sich beim Pferd um ein uns vertrautes Tier handelt.

TINA. Ich muss Sie schon wieder unterbrechen, aber ich möchte sicher sein, dass ich Sie richtig verstehe. Im ersten Beispiel haben Sie zwei äußere Sinnesempfindungen,

Gold und Berg, angeführt, während Sie im zweiten Beispiel eine äußere Sinnesempfindung, Pferd, und eine innere, Tugend, herangezogen haben. Hat das einen Grund?

HUME. Nein. Ich hatte zwar zu Beginn meiner Ausführungen schon darauf hingewiesen, dass innere Eindrücke existieren und genauso lebhaft sind wie die äußeren, aber ich habe mich wahrscheinlich nicht klar genug ausgedrückt.

TINA. Dann ist also alles Denken entweder aus der äußeren oder inneren Sinnesempfindung abgeleitet, und die Aufgabe des Geistes besteht lediglich darin, sie zu mischen und zusammenzusetzen.

HUME. Du hast den Sachverhalt wunderbar dargestellt. Philosophisch könnte man auch sagen: Alle unsere Vorstellungen oder schwächeren *Perzeptionen* sind Abbilder unserer Eindrücke oder lebhafteren *Perzeptionen*.

TINA. Wenn das stimmt, was Sie behaupten, dann hat das weitreichende Konsequenzen. Sie sagen, dass Sinneseindrücke nicht nur lebhaft, sondern auch authentisch sind. Wenn daher eine Aussage auf Grund einer Sinnesempfindung gemacht wird, muss sie folglich als wahr gelten. Vorstellungen sind im Vergleich zu den Sinneseindrücken aber schwach, weil ihre Entstehung rein zufällig sein kann und ihre Inhalte beliebig kombinierbar sind und neue Vorstellungen produzieren können.

HUME. Ob es diese Zufälligkeit oder Willkürlichkeit, die du in den Raum stellst, gibt, müssen wir als Nächstes prüfen. Um es vorwegzusagen, ich glaube nicht an Zufälligkeit und Willkür.
Es gibt nämlich unverkennbar ein Prinzip der Verbindung verschiedener Gedanken oder Vorstellungen des Geistes. Wenn sie im Gedächtnis auftauchen, führt eine die andere gewissermaßen methodisch und regelmäßig ein. Diesen Sachverhalt kann man insbesondere beim ernsthaften Denken oder Gespräch beobachten: Jeder einzelne Gedanke, der die regelmäßige Folge oder Kette

von Vorstellungen unterbricht, fällt sofort auf und wird abgewiesen. Jeder von euch hat dieses Verfahren an sich selbst schon beobachten können. Selbst wenn ihr euch das Abenteuerlichste vorstellt oder euch an eure wirklichen Träume erinnert, so werdet ihr – sofern ihr eure Vorstellungen reflektiert – zugeben müssen, dass die Einbildungskraft nicht planlos verlief. Vielmehr gab es zwischen den aufeinander folgenden Vorstellungen immer eine Verknüpfung. Insgesamt lassen sich meines Erachtens drei Prinzipien der Vorstellungsverknüpfung ableiten: 1. die *Ähnlichkeit* oder *resemblance*; 2. die *raum-zeitliche Berührung* oder *contiguity*; und 3. die *Ursache oder Wirkung*, die im Englischen *cause or effect* heißt.

SYLVIA. Mir ist das, was Sie sagen, noch nicht deutlich. Haben Sie Beispiele für Ihre drei Prinzipien?

HUME. Nehmt in Bezug auf den ersten Fall ein Bild von einem Gegenstand. Dieses Bild lenkt unsere Gedanken naturgemäß auf das Original. Für den zweiten Fall können wir uns vorstellen, dass zwei Personen über einen Wohnraum in einem Haus sprechen. Fast automatisch wird das Gespräch auch auf andere Räume in diesem Gebäude gelenkt. Für den dritten Fall schließlich können wir uns eine Wunde am eigenen Körper denken, was zur Folge hat, dass wir den Gedanken an die damit verbundenen Schmerzen kaum verhindern können.

TINA. Das sind ja nichts als Assoziationen, die Sie uns darbieten.

HUME. Vollkommen richtig. Aber – und das ist das Entscheidende: Die Aufzählung ist vollständig, und folglich gibt es nur diese drei *Assoziationsgesetze* von Vorstellungen, auch wenn dies schwer nachzuvollziehen ist. Wenn ihr das verstanden habt, können wir weiter fortschreiten. Alle Gegenstände der menschlichen Vernunft und Forschung lassen sich in zwei Arten zerlegen, nämlich in *Beziehungen von Vorstellungen* und in *Tatsachen*.

SYLVIA. Herr Hume, ich muss Sie schon wieder unterbrechen. Der Begriff ›Tatsachen‹ leuchtet mir ja noch ein. Aber was sind denn ›Beziehungen von Vorstellungen‹?

HUME. Gut, dass du fragst, denn es ist wichtig, diesen Begriff zu verstehen. Statt ›Beziehungen von Vorstellungen‹ könnte man auch ›Urteile über Begriffsbezeichnungen‹ sagen oder schlicht von *Vernunftwahrheiten* sprechen, wie es mein rationalistischer Kollege Wilhelm Leibniz getan hat. Es handelt sich dabei um Wahrheiten, wie sie beispielsweise in der Mathematik oder der Logik hervorgebracht werden. Vernunftwahrheiten enthalten nämlich eine absolute Gewissheit, da das Gegenteil einer solchen Wahrheit nicht möglich ist.

SYLVIA. Können Sie das an einem Beispiel verdeutlichen?

HUME. Natürlich. Ich gebe dir sogar zwei, die du beide aus der Mathematik kennst: Das Quadrat der Hypotenuse ist den Quadraten der beiden Seiten gleich; und: drei mal fünf ist gleich der Hälfte von dreißig. In beiden Fällen gilt, dass eine Beziehung hergestellt wird. Im ersten Fall ist es eine Beziehung zwischen zwei Figuren und im zweiten Fall eine Beziehung zwischen Zahlen. Für beide, aber auch für andere mathematische Beispiele können wir sagen, dass sie *a priori* gelten und dass sie nur durch die reine Tätigkeit des Denkens zu entdecken sind, ohne von irgendeinem Dasein in der Welt abhängig zu sein.

TINA. Mir ist nicht klar, Herr Hume, wieso Sie sich auf einer rationalen Ebene bewegen. Soviel ich weiß, sind Sie doch Empirist.

HUME. Das ist vollkommen richtig. Ich habe doch gerade gesagt, alle Gegenstände der menschlichen Vernunft und Forschung ließen sich in zwei Arten zerlegen. Nun, die eine Seite besteht eben aus den Vernunftwahrheiten. Sie stellen für mich tatsächlich die einzig sichere Form von Erkenntnis dar. Doch sie sind, was ihren Gegenstandsbereich betrifft, äußerst beschränkt und können keinen Aufschluss über die Wirklichkeit der Dinge geben. Daher lege ich meine Konzentration auf die Grundlagen des menschlichen Erfahrungswissens oder, um noch einmal einen Begriff von Leibniz zu gebrauchen, auf die *Tatsachenwahrheiten*. Im Gegensatz zu den Vernunftwahrheiten, die ja *a priori* gelten, sind Tatsachenwahrheiten *aposteriorische* Erkenntnisse, die nicht in dem gleichen Maße als sicher angesehen werden können wie Vernunftwahrheiten, auch wenn sie noch so gewiss scheinen. Denn es ist immer möglich, auch ihr Gegenteil zu denken, ohne einen Widerspruch herbeizuführen.

TINA. Können Sie das, was Sie eben ausgeführt haben, etwas deutlicher darstellen?

HUME. Aber natürlich. Nehmen wir den Satz »Die Sonne geht auf«. Dieser Satz scheint uns allen einleuchtend, weil wir jeden Morgen feststellen können, dass die Sonne aufgeht. Dennoch ist ein Satz wie »Die Sonne geht nicht auf« nicht minder verständlich. Wir haben keine Gewähr, dass die Sonne morgen aufgehen wird, nur weil wir es nicht anders gewohnt sind. Es liegt kein logischer Widerspruch in der Vorstellung, dass die Sonne nicht aufgehen wird. Wir würden daher vergeblich versuchen, seine Falschheit zu demonstrieren. Für die Wirklichkeit der Dinge gilt, dass sie – logisch betrachtet – immer auch anders beschaffen sein könnte, als sie tatsächlich beschaffen ist. Deshalb können Wahrheiten in diesem Bereich niemals durch reines Denken erkannt werden, sondern sind immer nur durch Erfahrung, also auf empirischem Wege, fassbar.

TINA. Welches Begründungsprinzip gilt dann Ihrer Meinung nach für Denkakte, die sich auf Tatsachen beziehen?

HUME. Das Begründungsprinzip lautet: Alle Denkakte, die sich auf Tatsachen beziehen, gründen sich auf die Beziehung von Ursache und Wirkung. Zwar besteht die Welt aus Tatsachen, aber meistens nicht aus solchen, die unseren Sinnen oder dem Gedächtnis präsent sind, sondern in erster Linie aus solchen, die wir als real betrach-

ten, weil sie mit etwas Gegebenem zusammenhängen. So erhält einer von euch vielleicht einen Brief eines Freundes aus Frankreich und schließt daraus, dass sich dieser Freund zurzeit in Frankreich aufhält. Der Briefempfänger zieht diesen Schluss, weil er schon oft die Erfahrung gemacht hat, dass sich die schreibende Person an dem Ort befindet, aus dem er den Brief empfangen hat.
Dieses Beispiel lässt sich verallgemeinern: Alle Tatsachen betreffenden Gedanken sind von gleicher Art, denn sie lassen sich auf die Beziehung von Ursache und Wirkung zurückführen. Wenn ein anderer von euch am Strand einer einsamen Insel eine Uhr fände, würde er den Schluss ziehen, dass irgendwann einmal zumindest ein Mensch auf dieser Insel gewesen sein muss.

TINA. Und was ist, wenn mein Gedanke falsch ist? Die Uhr hätte ja auch angeschwemmt worden sein können. Ziehe ich hier nicht einen rationalen Schluss?

HUME. Das hast du gut erfasst. *Empirische* Erkenntnis beschränkt sich offenbar nicht auf die Feststellung von gegenwärtig oder in der Vergangenheit gemachten Wahrnehmungen. Nehmt beispielsweise das Wasser, das gerade auf einem Herd kocht und bei einer Temperatur von 100 Grad verdampft. Wir behaupten nicht nur, dass das Wasser, das gestern auf meinem Herd kochte, bei einer Temperatur von 100 Grad verdampfte, wir behaupten auch, dass alles Wasser bei einer Temperatur von 100 Grad verdampft, und sagen voraus, dass auch das Wasser, das wir morgen auf 100 Grad erhitzen, verdampfen wird.

SYLVIA. Wo liegt da das Problem? Ich sehe es noch nicht.

HUME. Deine Freundin hat es doch gerade schon erklärt. Es liegt darin, dass die Sätze »Ich habe festgestellt, dass Wasser bei 100 Grad verdampft« und »Ich sage voraus, dass ein anderer Topf mit Wasser beim Erhitzen auf 100 Grad die gleiche Wirkung zeigen wird« keineswegs dasselbe besagen. Es ist nicht möglich, den zweiten Satz aus dem anderen rational, also *a priori* abzuleiten, denn es liegt kein Widerspruch in dem Gedanken, dass sich der Lauf der Natur ändert. Es gibt also keine überzeugenden Gründe, unsere Erfahrungserkenntnis über gegenwärtige und vergangene Wahrnehmungen hinaus auf weitere, nie wahrgenommene Fälle auszudehnen.

SYLVIA. Dennoch wird dies im Alltag und in der Wissenschaft immer wieder getan. Nur ein Narr würde bei seiner Zukunftsplanung auf Erfahrungsschlüsse aus der Vergangenheit verzichten.

HUME. Das ist richtig. Und deshalb meine ich, dass dieses unter Menschen universale Vertrauen auf die Erfahrung – da es rational nicht begründbar ist – auf außerrationale Faktoren in der menschlichen Natur zurückgehen muss.

SYLVIA. Das habe ich noch nicht ganz verstanden.

HUME. Wir ziehen aus der Wahrnehmung von Ereignisfolgen nur deshalb weitergehende Schlüsse, weil wir davon ausgehen, dass die bereffenden Ereignisse zueinander in der Beziehung von Ursache und Wirkung stehen. Da stellt sich die Frage, welche Bedingungen erfüllt sein müssen, damit zwischen Ereignissen ein *Kausalitätsverhältnis* angenommen werden kann.

TINA. Ich würde sagen, dazu gehören die räumliche Nähe, die zeitliche Aufeinanderfolge und die ständige Verknüpfung der Ereignisse. Wasserdampf bildet sich ja in der Nähe erhitzten Wassers, die Erhitzung geht der Verdampfung unmittelbar voraus und diese Verknüpfung zwischen Erhitzung und Verdampfung ist in allen bisher beobachteten Fällen aufgetreten.

HUME. Aber diese drei Bedingungen reichen noch nicht aus. Dazu, dass etwas die *Ursache* von etwas anderem genannt werden kann, gehört, dass die Verknüpfung zwischen beiden Ereignissen *notwendig* ist. Nur dann können wir doch davon ausgehen, dass diese Verknüpfung auch in Zukunft auftreten wird.

SYLVIA. Und woher stammt nun diese Notwendigkeit?

HUME. Genau das ist das Problem! Um eine Notwendigkeit apriorischer Natur kann es sich nicht handeln, denn

logisch betrachtet kann jedes beliebige Ereignis die Ursache jedes beliebigen anderen Ereignisses sein.
Auch deshalb habe ich heute einen Queue und zwei Billardkugeln mitgebracht, um euch zu zeigen, was ich meine *[Hume legt die beiden Billardkugeln in großem Abstand voneinander auf das Pult und setzt die eine mit seinem Queue in Richtung der anderen in Bewegung, hält sie aber während ihres Laufs auf]*. Sehe ich z.B., dass eine Billardkugel sich auf eine andere zubewegt, so ist die Vorstellung, dass diese Kugel die zweite anstößt und in Bewegung versetzt, logisch nicht notwendig. Es ist doch auch widerspruchslos denkbar, dass beide Billardkugeln stehen bleiben oder dass die erste zurückprallt. Daher können wir immer nur sagen, dass zwei Ereignisse, soweit wir bisher beobachtet haben, miteinander verknüpft waren. Aber das besagt eben noch nicht, dass sie *notwendig* miteinander verknüpft sind. Es ist vergeblich, diese Notwendigkeit in den Dingen zu suchen.

TINA. Wo sollte man sie denn sonst finden können?

HUME. Die Lösung des Problems liegt für mich darin, dass die gesuchte Notwendigkeit nichts Objektives, sondern etwas Subjektives ist, nämlich eine Vorstellung, die sich beim erfahrenden Menschen unter bestimmten Bedingungen einstellt. Wenn wir zwei Arten von Ereignissen häufiger räumlich und zeitlich eng verknüpft wahrgenommen haben, entsteht in uns der Eindruck, diese Verknüpfung müsse notwendig sein, bzw. die Erwartung, sie werde uns auch in Zukunft begegnen. Die Vorstellung der Notwendigkeit kommt also durch Gewohnheit zustande. Kausalität ist nichts weiter als eine auf Gewohnheit beruhende subjektive Vorstellung, die Menschen in die Außenwelt projizieren. Kurz gesagt: Die Aussage »A ist die Ursache von B« ist selbst dann nicht bewiesen, wenn B tausendfach auf A folgt, weil es sich lediglich um ein Gewohnheitsurteil handelt. Folglich – und damit schließe ich meinen Vortrag – muss man aus diesen Überlegungen zu dem Schluss gelangen, dass jede *Wirkung* ein von ihrer *Ursache* verschiedenes Ereignis ist.

Die Schülerinnen und Schüler des Philosophie-Kurses bejubeln Humes Darstellung des Kausalitätsprinzips und wollen noch weitere Fragen stellen. In diesem Augenblick sieht der schottische Philosoph auf die an der Wand hängende Uhr und sagt: »Es tut mir leid, aber ich muss euch verlassen. Ich sagte euch ja schon, dass ich nicht viel Zeit haben würde. Ich liebe die Philosophie und würde mich noch gerne mit euch weiter unterhalten, aber ich liebe auch Billard. Und in einer knappen Stunde habe ich ein wichtiges Spiel, das ich auf keinen Fall verpassen darf. Ihr müsst mich jetzt entschuldigen.« Noch einmal braust Applaus auf, und Hume verlässt das Klassenzimmer.

TINA. Hume war richtig gut und überzeugend. Trotzdem stört mich irgendetwas an seiner Theorie. Aber ich weiß nicht, was es ist.

SYLVIA. Ach, das ist bei dir doch immer so. Irgendetwas gefällt dir immer an einer Theorie nicht, und sei sie noch so stichhaltig. Du wirst schon etwas finden, was man Hume vorhalten kann. Falls nicht, kann dir ja vielleicht Immanuel Kant weiterhelfen. Er soll sich nämlich mit Humes Kausalitätsprinzip kritisch auseinandergesetzt haben.

13. Die kopernikanische Wende in der Philosophie

Immanuel Kant (1724–1804)
Kritik der reinen Vernunft (1781)

MODERATOR. Sehr geehrte Damen und Herren, liebe Zuschauer, herzlich willkommen zur neuen Folge unserer Sendereihe *Philo-Talk*. Zu Gast ist heute Immanuel Kant, mit dem ich über die Grundlagen seiner *Kritik der reinen Vernunft* sprechen möchte.
Herr Kant, manche halten diese Schrift für das wichtigste Werk der neuzeitlichen Philosophie, weil Sie darin eine Wende vollzogen haben, die nur mit der *kopernikanischen Revolution* verglichen werden kann. Worin bestand diese Revolution?

KANT. Das ist nicht ganz einfach zu erklären. Ich denke, das wird sich im Laufe unseres Gesprächs noch herausstellen. Sollen wir nicht vorne beginnen, nämlich beim Titel des Werkes?

MODERATOR. Ja, der Titel scheint mir erklärungsbedürftig zu sein. Ich kann mir nur schwer vorstellen, dass sie die Vernunft kritisieren wollten.

KANT. ›Kritik‹ bedeutet hier nicht, ›das Negative einer Sache herausstellen‹. Sie müssen das Wort im ursprünglichen Sinne nehmen. Es stammt von dem griechischen Wort für ›scheiden‹, ›unterscheiden‹. Mein Ziel war es, zu unterscheiden, was wir aus *reiner Vernunft*, das heißt, unabhängig von dem, was uns durch unsere Sinne gegeben ist, erkennen können und was nicht. Ich wollte gleichsam einen Gerichtshof einsetzen, der die gerechten Ansprüche der reinen Vernunft und ihre grundlosen Anmaßungen voneinander trennt.

MODERATOR. Wie sind Sie auf dieses Vorhaben gekommen?

KANT. Entscheidende Anstöße habe ich von dem schottischen Philosophen David Hume empfangen, der mich sozusagen aus meinem dogmatischen Schlummer geweckt hat. Hume wird als Skeptiker bezeichnet; sein Zweifel richtete sich insbesondere gegen die Kausalität. Er zeigte, dass es unmöglich ist, die Verknüpfung von Ursache und Wirkung *a priori*, also unabhängig von sinnlicher Wahrnehmung zu denken, und führte sie auf bloße Einbildung und auf Gewohnheit zurück. Er meinte: Wenn ich mehrfach erfahren habe, dass ein bestimmter Sachverhalt eine bestimmte Wirkung zur Folge hat, so erwarte ich auf Grund von Gewohnheit beim nächsten Mal, wenn der entsprechende Sachverhalt gegeben ist, die gleiche Wirkung. Es ist jedoch keineswegs notwendig, dass diese Wirkung eintritt; das ist nicht mehr als bloße Vermutung.

MODERATOR. Was hätte das für Konsequenzen?

KANT. Wenn das richtig wäre, bedeutete das, dass es keine empirische Wissenschaft gäbe, deren Erklärungen Anspruch auf Allgemeingültigkeit erheben könnten, weil diese ja immer auf der Verknüpfung von Ursache und Wirkung, mithin auf Vermutung, beruhten. Und wenn es, wie die Empiristen behaupten, richtig wäre, dass gar keine Erkenntnis aus reiner Vernunft möglich ist, würde das weiterhin bedeuten, dass es keine Metaphysik geben könnte; denn Metaphysik versucht ja, über die Grenze aller Erfahrung hinaus Erkenntnis zu gewinnen, beispielsweise über die Existenz Gottes, den Anfang der Welt oder die Unsterblichkeit der Seele.

MODERATOR. Was haben Sie Hume entgegengehalten?

KANT. In der Entwicklung der Naturwissenschaften kann man eine interessante Beobachtung machen. Sie hatten im 16. und 17. Jahrhundert einen enormen Aufschwung zu verzeichnen, der damit zusammenhing, dass die Wissenschaftler die experimentelle Methode entdeckten. So hat Galilei beispielsweise mit Kugeln auf der schiefen Ebene experimentiert, Torricelli mit der chemischen Umwandlung von Metallen usw. Sie haben nicht einfach – wie noch die Wissenschaftler des Altertums – versucht, der Natur ihre Gesetze abzulauschen; vielmehr haben sie Hypothesen aufgestellt und im Experiment die Natur gezwungen, diese Hypothesen entweder zu bestätigen oder zu verwerfen. Ihr Erfolg beruht auf einer Revolution der Denkart.

MODERATOR. Ah, da wären wir ja bei der Revolution, nach der ich eben gefragt habe.

KANT. Ja, die Revolution der Denkart hat der Naturforschung, die vorher ein bloßes Herumtappen war, den sicheren Gang einer Wissenschaft eingebracht. Das war mir Vorbild für meinen Versuch, die Metaphysik – die Disziplin, die Erkenntnis aus reiner Vernunft anstrebt, aber es bisher auch nicht über ein Herumtappen hinausgebracht hatte – zu revolutionieren.

MODERATOR. Der Begriff ›Revolution‹ stammt ja vom lateinischen Wort für ›herumdrehen‹. Was ist es, was Sie in der Metaphysik umgedreht haben?

KANT. Wie schon gesagt, geht es hier um die Möglichkeit von Erkenntnis aus reiner Vernunft. Wenn ich etwas erkannt habe, gilt es als wahr. Unter Wahrheit versteht man – so lässt es sich z. B. bei Thomas von Aquin lesen – die Angleichung von Sache und Verstand (*adaeqatio rei et intellectus*). Nach traditioneller Auffassung kommt eine solche Angleichung dadurch zustande, dass sich der Verstand, das Erkenntnisvermögen, dem zu erkennenden Gegenstand anpasst. Erkenntnis wäre erreicht, wenn im menschlichen Geist ein getreues Abbild des Gegenstandes entstanden wäre und wenn eine dementsprechende Aussage mit dem Gegenstand übereinstimmte. Meine Idee war es, dieses Verhältnis umzukehren: Nicht das Erkenntnisvermögen muss sich nach dem Gegenstand, sondern der Gegenstand muss sich nach dem Erkenntnisvermögen richten.

MODERATOR. Und das wäre die sogenannte kopernikanische Wende der Philosophie?

KANT. Genau, Kopernikus hatte die revolutionäre Idee, dass sich die Bewegungen der Himmelskörper plausibel erklären lassen, wenn man davon ausgeht, dass nicht die Sonne sich um den Zuschauer dreht, sondern der Zuschauer auf der Erde um die Sonne. Zur Erklärung zog er die Bedingungen des Subjekts heran.

MODERATOR. Ich habe noch nicht verstanden, was es bedeutet, dass der Gegenstand sich nach dem Erkenntnisvermögen richtet.

KANT. Das ist natürlich zugespitzt formuliert. Es soll heißen, dass Erkenntnis nicht allein dadurch zustande kommt, dass in ihr Merkmale eines Gegenstandes erfasst werden, sondern dass die Art und Weise, wie der Gegenstand vom Erkenntnisvermögen erfasst wird, in ganz entscheidender Weise durch die Gegebenheiten des Erkenntnisvermögens mitbestimmt werden. Erkenntnis hängt nicht nur von den Bedingungen des Gegenstandes, sondern auch von den Bedingungen des Erkenntnisvermögens ab.

MODERATOR. Mir ist das immer noch nicht so ganz klar. Könnten sie mir dafür ein Beispiel geben?

KANT. Ein gutes Beispiel stammt von dem Dichter Heinrich von Kleist, der seiner Verlobten Wilhelmine in einem Brief seine Eindrücke bei der Lektüre meines Werkes schilderte. Er entwarf darin das Bild, dass alle Menschen statt der Augen grüne Gläser hätten. Sie würden dann beispielsweise eine weiße Wand grün sehen. Dass sie die Wand als grün erkennen, liegt aber nicht an der Wand, sondern es ist bedingt durch die grüne Farbe der Gläser, durch die sie die Wand sehen. So ist unsere Erkenntnis von Gegenständen immer mitbestimmt durch die Bedingungen des Erkenntnisapparates. Die Strukturen des Erkenntnisvermögens sind auch zugleich die Strukturen der Welt.

MODERATOR. O. K., das ist mir jetzt klar geworden. Was sind aber nun diese Strukturen des Erkenntnisvermögens?

KANT. Das sind die apriorischen Formen des Anschauens und Denkens, Raum, Zeit und die Kategorien. Um das zu verstehen, sollten wir der Frage nachgehen, woraus Erkenntnis eigentlich entspringt. Meiner Auffassung nach gibt es zwei Quellen der Erkenntnis: Sinnlichkeit und Verstand. Durch die Sinnlichkeit wird uns ein Gegenstand gegeben, durch den Verstand wird ein Gegenstand gedacht. Sinnlichkeit ist *rezeptiv*, das heißt, sie empfängt Eindrücke, Anschauungen; der Verstand dagegen bildet Begriffe, er ist spontan.

MODERATOR. Spontan sein, das heißt für mich: eine Entscheidung treffen, ohne lange zu überlegen.

KANT. Nein, das ist hier nicht gemeint. *Spontan* heißt ›selbsttätig‹. Der Verstand ist selbst tätig, indem er Begriffe bildet; er ist nicht auf Eindrücke angewiesen, die von Gegenständen stammen, wie es bei der Sinnlichkeit der Fall ist. Ich kann mir den Begriff eines Dreiecks bilden, ohne dass ein Dreieck anschaulich gegeben ist; zur Anschauung eines Dreiecks kommt es dagegen nur dann, wenn ein dreieckiger Gegenstand gegenwärtig ist und einen Eindruck auf meine Sinne ausübt.

MODERATOR. Wie soll ich mir das Verhältnis von Sinnlichkeit und Verstand, Anschauung und Verstand denken?

KANT. Das ist eine ganz wichtige Frage. Keines dieser Vermögen ist dem anderen vorzuziehen, sie können ihre Funktionen auch nicht vertauschen. Ohne Sinnlichkeit würde uns kein Gegenstand gegeben, und ohne Verstand würde kein Gegenstand gedacht. Gedanken ohne Inhalte sind leer, Anschauungen ohne Begriffe sind blind. Nehmen sie einen Wissenschaftler, der dabei ist, etwas Neues zu entdecken. Auch wenn ihm bestimmte Daten anschaulich gegeben sind, hat er noch nichts erkannt, solange er keinen Begriff dafür hat. Umgekehrt kann sich der Verstand viele Begriffe ausdenken, z. B. den Begriff eines Ungeheuers mit menschlicher Gestalt und dem Antlitz eines Wolfes; solange unserer Sinnlichkeit von einem solchen Wesen keine Eindrücke vorliegen, können wir nicht sagen, dass es wirklich existiert. Um Erkenntnis zu erlangen, bedarf es sowohl der *Rezeptivität der Sinnlichkeit* als auch der *Spontaneität des Verstandes.*

MODERATOR. Sinnlichkeit und Verstand – diese beiden Begriffe spielen eine wichtige Rolle im Streit zwischen Empirismus und Rationalismus. Die Empiristen behaupten ja, Erkenntnis entstamme ausschließlich der sinnlichen Erfahrung, die Rationalisten halten dagegen die Rolle des Verstandes im Erkenntnisprozess für entscheidend.

KANT. Ja, und ich habe diesem Streit ein Ende gemacht, indem ich gezeigt habe, inwiefern beide recht und unrecht haben. All unsere Erkenntnis fängt mit der Erfahrung an, aber sie entspringt nicht allein der Erfahrung; und keine Erkenntnis kommt ohne Verstandesbegriffe aus, aber die allein machen noch keine Erkenntnis. Um Erkenntnis zu erlangen, bedarf es sowohl der Rezeptivität der Sinnlichkeit als auch der Spontaneität des Verstandes.

MODERATOR. Was hat das nun alles mit den Strukturen des Erkenntnisvermögens zu tun? Sie wollten mir Raum, Zeit und die Kategorien erklären.

KANT. Das werden Sie gleich sehen, vorher sollten wir aber noch eine weitere Unterscheidung treffen. Anschauung und Begriff sind nämlich entweder *rein* oder *empirisch. Empirisch* sind sie, wenn darin Empfindungen enthalten sind, die die wirkliche Gegenwart eines Gegenstandes voraussetzen, z. B. bei einer Feder die Empfindungen ›weiß‹, ›weich‹ usw. Rein sind sie, wenn den Vorstellungen keine Empfindung beigemischt ist. Die Empfindungen nenne ich die *Materie* der sinnlichen Erkenntnis; reine Anschauung enthält daher nur die *Form*, unter der etwas angeschaut wird.

MODERATOR. Was soll ich mir unter der Form einer Anschauung vorstellen?

KANT. Eben Raum und Zeit, nach denen Sie eben gefragt haben. Sehen Sie: Die Vorstellung des Raumes unterscheidet sich fundamental von der Vorstellung von Gegenständen im Raum. Sie können sich alle Gegenstände, die Sie empirisch im Raum vorfinden, auch wegdenken. Was Sie sich aber niemals wegdenken können, ist der Raum selbst. Die Raumvorstellung selbst ist nämlich nichts empirisch Gegebenes; sie ist vielmehr eine reine Form der Anschauung, die nur apriorisch gegeben ist und als solche überhaupt erst die Erfahrung von Gegenständen als räumliche Erscheinungen ermöglicht. Die von Gegenständen empfangenen Daten werden durch diese apriorische Form der Anschauung in einem räumlichen Nebeneinander strukturiert.

MODERATOR. Wie ist das mit der Zeit?

KANT. Analog zum Raum können Sie sich alle Ereignisse, die in Zeit gegeben sind, auch wegdenken; sich die Zeit selber wegzudenken, dürfte dagegen niemandem gelingen. Das liegt daran, dass auch die Zeit eine apriorische Form der Anschauung darstellt; durch sie werden die von Gegenständen empfangenen Daten in die Struktur eines zeitlichen Nacheinanders gebracht. Ein Unterschied zum Raum besteht allerdings: Der Raum ist die reine Form der Erscheinungen des äußeren Sinnes, die Zeit die reine Form der Erscheinungen des inneren Sinnes und damit – da ja die Anschauung der Gegenstände etwas Inneres ist – die Form aller Erscheinungen überhaupt.

MODERATOR. Wie steht es mit dem Denken, gibt es da auch reine Formen?

KANT. Ja, die reinen Formen des Denkens habe ich nach einem Terminus von Aristoteles *Kategorien* genannt. Während Aristoteles die Kategorien ohne System zusammengestellt hat, habe ich sie systematisch aus den logischen Urteilsformen abgeleitet. In unseren Urteilen wird einem Subjektbegriff eine bestimmte Quantität, Qualität, Relation und Modalität zugesprochen. Die Kategorien der Quantität erlauben es, etwas Wahrgenommenes z.B. als Einheit oder Vielheit aufzufassen. Unter den Kategorien der Qualität wird eine bestimmte Eigenschaft einer Sache entweder zugesprochen (Realität) oder abgesprochen (Negation). Unter den Kategorien der Modalität wird ein Gegenstand als möglich, wirklich oder notwendig gedacht. Zu den Kategorien der Modalität zählt die Kausalität, auf die wir sicherlich in Bezug auf Hume noch genauer eingehen werden. Es würde an dieser Stelle zu weit führen, alle Kategorien einzeln zu erläutern. Entscheidend ist, dass sie apriorische Formen des Denkens darstellen, die für die Bildung von Begriffen konstitutiv sind.

MODERATOR. Könnten Sie mir die Funktion der Kategorien genauer erläutern?

KANT. Gerne. Angenommen, vor Ihnen liegt ein Sandhaufen; entsprechend den Kategorien können Sie ihn als Einheit – als *einen* Haufen – oder als Vielheit – als *viele* Sandkörner – auffassen. Sie wenden entweder die Kategorie Einheit oder Vielheit an und erhalten dementsprechend verschiedene Gegenstände, obwohl die zugrundeliegende Anschauung gleich ist. Durch die Anwendung der Kategorien auf das Mannigfaltige der Wahrnehmung wird diese Mannigfaltigkeit auf einheitliche Begriffe gebracht.

MODERATOR. Könnten Sie mir einmal zusammenfassend darstellen, wie Erkenntnis zustande kommt?

KANT. Wie Sie hoffentlich gesehen haben, ist Erkenntnis ein Zusammenspiel von aposteriorischen und apriorischen Elementen. Da ist zunächst eine Mannigfaltigkeit von Daten, die unsere Sinnlichkeit von einem Gegenstand empfängt. Diese Mannigfaltigkeit wird durch die apriorischen Formen von Raum und Zeit in einem Nebeneinander und Nacheinander geordnet. Die räumlich-zeitlich geordnete Mannigfaltigkeit der Anschauung wird dann mithilfe der apriorischen Formen des Denkens, der Kategorien, auf die Einheit eines Begriffs gebracht. Erkenntnis besteht nicht einfach in der Spiegelung eines Objekts, sondern ist ein Prozess, in dem Daten eines Objekts mehrfach durch Formen, die dem Subjekt entstammen, strukturiert werden.

MODERATOR. Wenn die Strukturen des Subjekts im Erkenntnisprozess eine solche entscheidende Rolle spielen, ist dann Erkennen nicht subjektiv?

KANT. Nein, keinesfalls, es sind ja Strukturen, die das Erkenntnissubjekt überhaupt betreffen, also allen Menschen gemeinsam sind. Aber daraus folgt etwas anderes, sehr Wichtiges: Die Dinge, wie sie uns in diesem Prozess erscheinen, sind nicht die Dinge, wie sie an sich, ohne diese Strukturierung, sind. Daher unterscheide ich streng zwischen *Erscheinungen* und *Dingen an sich*.

MODERATOR. Worin besteht dieser Unterschied?

KANT. Denken Sie zurück an Kleists Bild der grünen Gläser. Alles, was man durch die grünen Gläser sieht, ist grün eingefärbt, weil die Beschaffenheit der Gläser dies so vorgibt. Wenn alle Menschen nun an Stelle der Augen solche grünen Gläser hätten, könnten sie niemals wissen, ob sie die Dinge so sehen, wie sie an sich sind, oder ob ihr Auge etwas hinzutut. In dieser Situation sind wir infolge der apriorischen Bedingungen des Erkennens. Daher hat es keinen Sinn zu sagen, wir könnten die Dinge erkennen, wie sie an sich sind; wir erkennen sie immer nur so, wie sie uns durch die Brille dieser apriorischen Bedingungen erscheinen.

MODERATOR. Ich möchte gerne zurück zu den Problemen, die Hume aufgeworfen hat. Was folgt aus ihrer Vernunftkritik für die Möglichkeit von Wissenschaft und Metaphysik?

KANT. Für die empirischen Wissenschaften, deren Allgemeingültigkeit Hume in Zweifel gezogen hat, ergibt sich etwas Positives. Ihre kausalen Erklärungen beruhen keineswegs auf Einbildung oder Gewohnheit; Kausalität ist vielmehr ein reiner Verstandesbegriff, der überhaupt erst Erfahrung ermöglicht. Mithin ist alle Erfahrung kausal strukturiert; es gibt nichts im Bereich der Erfahrung, das nicht als Wirkung einer Ursache verstanden werden könnte. Daher erheben die empirischen Wissenschaften mit ihren Ursache-Wirkungs-Zuschreibungen Anspruch auf Allgemeingültigkeit.

MODERATOR. Und wie steht es mit der Metaphysik?

KANT. Leider ergibt sich aus der Kritik der reinen Vernunft für sie kein positives Ergebnis. Die Anwendung der Kategorien führt nämlich nur in Anwendung auf Gegenstände der Anschauung zu Erkenntnissen. Ihr Gebrauch ist nur im Bereich möglicher Erfahrung rechtmäßig. Hinsichtlich der Beschaffenheit der Dinge an sich können wir dadurch keine Auskunft erhalten. Daher habe ich im 2. Teil der *Kritik der reinen Vernunft* die Spekulationen der Metaphysik über die Existenz Gottes, den Anfang der Welt und die Unsterblichkeit der Seele als Scheinwissen entlarvt. Die menschliche Vernunft wird von metaphysischen Fragen belästigt, die sie nicht abweisen kann, weil sie ihr durch die Natur der Vernunft selbst aufgegeben sind; sie kann diese Fragen aber auch nicht beantworten, weil sie das Vermögen der menschlichen Vernunft übersteigen. Hier ist eine Grenze der menschlichen Erkenntnis erreicht.

MODERATOR. Dann wäre Metaphysik, die lange als Königin der Wissenschaften galt, überhaupt nicht möglich?

KANT. Nein, Metaphysik im traditionellen Sinne ist nicht möglich, wohl aber Metaphysik, wie ich sie verstehe: nämlich als *Transzendentalphilosophie*.

MODERATOR. Was bedeutet das?

KANT. Darunter verstehe ich die Frage nach den Bedingungen der Möglichkeit von Erkenntnis vor aller Erfahrung. Ich denke aber, das auszuführen, würde den heutigen Zeitrahmen sprengen.

MODERATOR. In der Tat, das Ende unserer Sendezeit ist erreicht. Wir sollten das Thema in einer weiteren Folge unserer Sendereihe aufgreifen. Herr Kant, vielen Dank für dieses Gespräch.

14. Wir können nur aus Fehlern lernen

Karl Raimund Popper (1902–1994)
Logik der Forschung (1934)

MODERATOR. Sehr geehrte Damen und Herren, liebe Zuschauer, herzlich willkommen zur neuen Folge unserer Sendereihe *Philo-Talk*, in der wir uns wieder mit erkenntnistheoretischen Fragen befassen wollen. Zu Gast ist heute der britische, aus Österreich stammende Philosoph Sir Karl Raimund Popper.
Herr Popper, die Königin hat Sie wegen Ihrer Verdienste um die Philosophie in den Adelsstand erhoben. Ihre *Logik der Forschung* gehört zu den meistdiskutierten Büchern der angelsächsischen Philosophie im 20. Jahrhundert. Haben Sie dafür eine Erklärung?

POPPER. Ja, ich denke, Philosophen und Wissenschaftler haben sich für meine Wissenschaftstheorie interessiert, weil ich darin eine ungewöhnliche Auffassung des wissenschaftlichen Forschens entwickle: Wissenschaftler können ihre Theorien nicht beweisen; sie können nur versuchen, Fehler zu vermeiden.

MODERATOR. Wie lässt sich das begründen?

POPPER. Dazu müsste ich etwas weiter ausholen. Lassen Sie mich mit dem Induktionsproblem beginnen.

MODERATOR. Unter *Induktion* versteht man den Schluss vom Besonderen auf das Allgemeine?

POPPER. Genau, das *induktive Verfahren* ist die Umkehrung des *deduktiven Verfahrens*, das vom Allgemeinen auf das Besondere schließt. Empirische Wissenschaftler versuchen, aus der Beobachtung einzelner wiederkehrender Tatsachen allgemeingültige Theorien oder Naturgesetze abzuleiten. So führte – um ein simples Beispiel zu nennen – die wiederholte Beobachtung einzelner weißer Schwäne in Europa zu der Behauptung, dass alle (also auch die nicht beobachteten) Schwäne weiß sind. Eine solche Behauptung gilt nach traditioneller Auffassung umso sicherer, je häufiger sie durch Beobachtung bestätigt wird. Und bis zum 18. Jahrhundert hatte man in Europa, wenn man Schwäne beobachtete, immer nur Schwäne mit weißem Gefieder gesehen.

MODERATOR. Dennoch ist diese Behauptung, alle Schwäne seien weiß, nicht richtig.

POPPER. Ja, der holländische Seefahrer Willem de Vlamingh entdeckte nämlich 1697 auf dem nach diesem Ereignis benannten Swan-River in Westaustralien erstmals schwarze Schwäne; bald darauf wurden sie auch nach Europa gebracht.

MODERATOR. Auf das Induktionsproblem hat ja schon der schottische Philosoph David Hume hingewiesen.

POPPER. Richtig, und er hat überzeugend dargelegt, dass jedes Ereignis nur eine Aussage über sich selbst begründen kann, nicht aber über andere ähnliche oder unähnliche Ereignisse. Eine Beobachtung von zehn weißen Schwänen sagt uns, dass es zehn weiße Schwäne gibt – mehr nicht. Man kann aus Erfahrungen keine Sätze ableiten, die allgemeine Gültigkeit haben.

MODERATOR. Welcher Weg bleibt denn dann für die empirischen Wissenschaften, die Gültigkeit ihrer Hypothesen und Theoriensysteme darzulegen?

POPPER. Letztlich bleibt nur der deduktive Weg der Nachprüfung. Was Forscher tun, ist Folgendes: Sie stellen Theorien auf. Solche Theorien sind zunächst nur Einfälle, Spekulationen, Vermutungen, deshalb sprechen wir auch besser von Hypothesen. In einem zweiten Schritt geht es darum, kritisch zu prüfen, ob eine Hypothese Gültigkeit beanspruchen kann.

MODERATOR. Wissenschaftliche Theorien sind also nur Vermutungen?

POPPER. Ja, denken Sie etwa daran, wie der Chemiker Kekulé auf die Strukturformel für das Benzol-Molekül gekommen ist. Er berichtet, dass er lange über eine solche Strukturformel nachgedacht hatte, aber damit letztlich erfolglos geblieben war. Er fand die Lösung eines Abends im Jahr 1865, während er vor seinem Kamin döste. Als er in die Flammen starrte, schienen ihm Atome in schlangenförmigen Linien zu tanzen. Eine der Schlangen bildete einen Ring, indem sie ihren Schwanz ergriff, und wirbelte – wie um ihn zu verspotten – vor ihm umher. Blitzartig wachte Kekulé auf: er war auf die mittlerweile berühmte Idee gestoßen, die Molekularstruktur von Benzol durch einen hexagonalen Ring darzustellen. Auch Einstein hat berichtet, ihm sei die Idee zur Relativitätstheorie im Halbschlaf gekommen. Dies zeigt: Wissenschaftliche Einfälle sind noch nicht das Ergebnis logischen Denkens; die Logik kommt erst später ins Spiel, nämlich beim Prozess der systematischen Überprüfung solcher Einfälle.

MODERATOR. Wie kann das geschehen?

POPPER. Wissenschaftliche Theorien sind immer reich an Folgerungen. Aus einer vorläufig noch unbegründeten Hypothese werden auf logisch-deduktivem Weg Folgerungen abgeleitet. Und dann kommt es darauf an, diese Folgerungen mit anderen Sätzen zu vergleichen, Vereinbarkeit oder Widerspruch festzustellen und so herauszufinden, ob die Hypothese haltbar ist.

MODERATOR. Eine wichtige Methode der empirischen Forschung ist ja das Experiment.

POPPER. In der Tat, das Experiment dient der empirischen Überprüfung der abgeleiteten Folgerungen. Aber auch hier ist das Prüfungsverfahren im Grunde ein deduktives: Aus der Theorie werden möglichst leicht nachprüfbare singuläre Folgerungen deduziert, die man als Prognosen formuliert. Besonders interessant sind hier die

Prognosen, die aus anderen Theorien nicht ableitbar sind oder im Widerspruch zu ihnen stehen. Über diese Prognosen wird nun durch die praktische Anwendung im Experiment entschieden. Entweder bestätigt das Experiment die Prognose, dann sprechen wir von *Verifikation*; oder die Prognose wird als falsch erwiesen, dann sprechen wir von *Falsifikation*. Wenn die Prognose falsifiziert wird, trifft das natürlich auch die Theorie, aus der sie abgeleitet wurde.

MODERATOR. Könnten Sie uns dafür ein Beispiel geben?

POPPER. Nehmen Sie z. B. Galileis Falsifikation des ptolemäischen Weltbildes. Im astronomischen System des Ptolemäus, das bis ins 17. Jahrhundert hinein als gültig angesehen wurde, drehen sich alle Himmelskörper auf festen Schalen um die Erde. Eine Folgerung, die daraus abzuleiten ist, besteht darin, dass die Himmelskörper sich nicht umeinander drehen können. Kopernikus beobachtete mit seinem neu entwickelten Fernrohr in der Nähe des Planeten Jupiter vier kleinere Himmelskörper. Während Jupiter auf seiner bekannten Bahn weiterzog, sah man diese »Monde« erst östlich, dann westlich des Jupiters stehen bzw. ganz verschwinden. Dies lässt sich nicht anders erklären als dadurch, dass sie den Jupiter umkreisen, womit das ptolemäische Weltbild als falsch erwiesen wäre.

MODERATOR. Können Sie uns auch ein Beispiel für Verifikation geben?

POPPER. Ein sehr gutes Beispiel dafür ist die *allgemeine Relativitätstheorie*. Einstein hatte aus seiner Theorie abgeleitet, dass Licht von großen Massen abgelenkt wird. Daher müssten also Lichtstrahlen in der Nähe der Sonne um einen bestimmten Winkel abgelenkt werden. Eine Folgerung daraus ist, dass ein Stern, wenn man ihn von der Erde aus beobachtet, um genau diesen Winkel weiter von der Sonne entfernt zu stehen scheint, als es wirklich der Fall ist. Nun kann man einen Stern in der Nähe der Sonne nicht sehen. Da kam Einstein die Idee, dass man während einer Sonnenfinsternis die Sterne in der Nähe der Sonne fotografieren und dieses Bild mit einer Fotografie derselben Sternengruppe vergleichen könnte, die man einige Zeit früher oder später gemacht hat, als diese Gruppe noch nicht in der Nähe der Sonne stand. Dabei müsste sich aus unserer Sicht der Abstand der Sterne voneinander scheinbar verändern. Genau dies konnte Arthur Eddington bei einer Sonnenfinsternis 1919 in Westafrika nachweisen.

MODERATOR. Haben denn Eddingtons Beobachtungen aus Ihrer Sicht die allgemeine Relativitätstheorie bewiesen?

POPPER. Nein, das kann man nicht sagen. Eine Verifikation kann eine Theorie immer nur vorläufig stützen; es ist ja möglich, dass sie durch eine spätere Falsifikation umgestoßen wird. Wir können daher eben nicht die Wahrheit einer Theorie beweisen, sondern nur ihre Wahrheitsähnlichkeit. Wenn eine Theorie einer eingehenden deduktiven Überprüfung standhält, sagen wir, dass sie sich *bewährt*.

MODERATOR. Wenn eine wissenschaftliche Aussage nicht bewiesen werden kann, wie kann man dann überhaupt noch wissenschaftliche von nicht-wissenschaftlichen Sätzen abgrenzen?

POPPER. Wissenschaftliche Sätze müssen einer Nachprüfung durch Erfahrung *fähig* sein. Das bedeutet: sie müssen so geartet sein, dass sie falsifizierbar sind. Während der Positivismus fälschlicherweise von der Verifizierbarkeit als Abgrenzungskriterium einer wissenschaftlichen Theorie ausgeht, setze ich die Falsifizierbarkeit als Kriterium. Mit anderen Worten: Eine Theorie kann nur dann als wissenschaftlich gelten, wenn sie so beschaffen ist, dass sie auf dem Wege der logischen Nachprüfung scheitern kann.

MODERATOR. Welche Theorien sind denn nicht in dieser Weise nachprüfbar?

POPPER. Das sind Theorien, die nichts ausschließen, weil sie für jedes auch nur denkbare Verhalten des Menschen eine Erklärung parat haben, und sich deshalb jeder Form von Falsifikation entziehen, also etwa die Astrologie. Unwissenschaftlich sind für mich auch Theorien, die Behauptungen aufstellen, ohne sie empirisch zu überprüfen, z. B. die Psychoanalyse Freuds oder Adlers Theorie des Minderwertigkeitskomplexes.

MODERATOR. Wenn wissenschaftliche Theorien immer nur vorläufig gelten, kann es dann wissenschaftlichen Fortschritt geben?

POPPER. Natürlich, wir können durch die experimentelle Überprüfung von Voraussagen überprüfen, welche von konkurrierenden Theorien die bessere ist. Wenn sich eine Theorie als falsch erwiesen hat, können wir versuchen, eine neue Theorie zu formulieren, die die Fehler der alten Theorie vermeidet. Und wir können überprüfen, ob diese Theorie dort zu befriedigenden Resultaten führt, wo die alte versagt.

MODERATOR. Dann gibt es für Sie Erkenntnisse, die Wahrheit für sich beanspruchen können?

POPPER. Nein, das kann man nicht daraus folgern. Wir haben in der Vergangenheit immer wieder gesehen, dass wissenschaftliche Theorien versagen. So hat sich beispielsweise das ptolemäische Weltbild als falsch erwiesen, aber auch das kopernikanische Modell ist überholt, Newtons Physik wurde durch Einsteins Relativitätstheorie abgelöst usw. Wir haben gelernt, dass wir in den Wissenschaften niemals Endgültigkeit erreichen können. Obwohl wir uns in der Wissenschaft bemühen, die Wahrheit aufzufinden, können wir nie sicher sein, ob wir sie besitzen. Die Wahrheit kann mit einem Berggipfel verglichen werden, der gewöhnlich in Wolken eingehüllt ist. Der Bergsteiger, der den Gipfel erklimmen will, kann zwar erkennen, in welche Richtung es bergab und in welche Richtung es bergauf geht, aber er kann in den Wolken nicht zwischen höchster Erhebung und Nebenerhebungen unterscheiden. Und so kann er sich niemals sicher sein, wann er den Gipfel erreicht hat.

MODERATOR. Wenn ich Sie richtig verstanden habe, glauben Sie nicht, dass es absolute Wahrheit gibt.

POPPER. In einem gewissen Sinne doch. Wenn der Bergsteiger sagt: »Ich zweifle, ob ich wirklich den Gipfel erreicht habe«, dann schließt das eben die Tatsache ein, dass es einen Gipfel gibt. Die Idee des Irrtums oder Zweifels impliziert die Idee einer objektiven Wahrheit, auch wenn wir diese vielleicht verfehlen. Im Unterschied zu Skeptikern möchte ich von der Existenz einer absoluten Wahrheit nicht abrücken. Aber absolute Wahrheit ist lediglich ein Ideal oder das, was Kant eine ›regulative Idee‹ genannt hat: eine Idee, die unser Denken leitet, die wir aber nicht mit Sicherheit erreichen können.

MODERATOR. Ich denke, das habe ich jetzt verstanden. Aber warum wird Ihre Theorie eigentlich als *Kritischer Rationalismus* bezeichnet?

POPPER. Wie Sie vielleicht wissen, gibt es in der Erkenntnistheorie einen Streit zwischen Empiristen und Rationalisten. Die Empiristen behaupten, dass jegliche Erkenntnis allein aus der Erfahrung stammt. Sie haben dafür das Bild der *tabula rasa*, der leeren Wachstafel, gefunden; ich bezeichne diese Theorie als *Kübeltheorie*. Der Empirismus geht davon aus, dass unser Geist ein Kübel ist, der mit Erfahrungen bzw. wissenschaftlichen Beobachtungen aufgefüllt wird, und dass wir so zu Erkenntnissen kommen. Ich bin dagegen der Auffassung, dass das Mittel zum Erkenntnisgewinn die *Ratio*, der Verstand, ist, dessen Tätigkeit – wie Sie gesehen haben – darin besteht, dass er Hypothesen kritisch an der Erfahrung überprüft.

MODERATOR. Was wäre denn ihr Gegenentwurf zur Kübeltheorie?

POPPER. Ich habe von der *Scheinwerfertheorie* gesprochen. Nach meiner Auffassung funktioniert der menschliche Geist wie ein Scheinwerfer: Zuerst sind da nicht die Beobachtungen, sondern die Hypothesen. Die Beobachtungen werden erst interessant im Licht der Hypothesen, die wie Scheinwerfer funktionieren. Im Erwartungshorizont der Hypothesen werden die Beobachtungen zu Fällen, an denen die Hypothesen kritisch geprüft werden. Unser Erwartungshorizont wird aufgebaut durch die Wissenschaft von gestern. Wenn deren Hypothesen der Überprüfung nicht standhalten, dann müssen wir uns nach einer neuen Hypothese umsehen, die jenen Beobachtungen nachfolgen, die zur Falsifikation der alten Hypothesen geführt haben.

MODERATOR. Das erinnert mich sehr an die Theorie des Lernens durch Versuch und Irrtum.

POPPER. Ja, um Versuch, Irrtum und Irrtumsbeseitigung geht es nicht nur in den Naturwissenschaften, sondern auch in den Sozialwissenschaften, und so funktioniert auch das Lernen im Alltag: Wir haben bestimmte Erwartungen, Theorien, und wenn wir damit in Schwierigkeiten geraten, bemühen wir uns, diese zu beseitigen. Das führt zur Revision unserer Theorien. Gelingt uns die Lösung eines Problems nicht, können wir durch bewusste Selbstkritik finden, was wir falsch gemacht haben: Wir lernen aus unseren Fehlern – und können nur aus unseren Fehlern lernen, wie ich bereits eingangs gesagt habe.

MODERATOR. Herr Popper, vielen Dank für dieses Gespräch.

15. Erklären und Verstehen

Wilhelm Dilthey (1833–1911)
Der Aufbau der geschichtlichen Welt in den Geisteswissenschaften (1910)

MODERATOR. Sehr geehrte Damen und Herren, liebe Zuschauer, herzlich willkommen zur neuen Folge unserer Sendereihe *Philo-Talk*. Zu Gast ist heute Wilhelm Dilthey, mit dem ich über den *Aufbau der geschichtlichen Welt in den Geisteswissenschaften* – so der Titel seines Hauptwerkes – sprechen möchte.

DILTHEY. Gerne. Ich begrüße die Gelegenheit, etwas zur Methode der Geisteswissenschaften sagen zu können, wo doch sonst die Naturwissenschaftler den Diskurs in der Wissenschaftstheorie beherrschen.

MODERATOR. War das zu Ihrer Zeit auch schon so? Wie stand es im 19. Jahrhundert um die Geisteswissenschaften?

DILTHEY. Die Geisteswissenschaften standen hinter den experimentellen Naturwissenschaften zurück, die in der zweiten Hälfte des Jahrhunderts einen enormen Aufschwung zu verzeichnen hatten, denken Sie an Forscher wie Robert Röntgen, Heinrich Hertz, Robert Koch usw. Daher galten diese Wissenschaften als Vorbild für die Möglichkeit, exaktes Wissen über Erfahrungsgegenstände zu erhalten. Demgegenüber war es fraglich, ob die Geisteswissenschaften überhaupt zu Recht als Wissenschaften bezeichnet werden dürfen. Mein Anliegen war es daher, den besonderen Wissenschaftscharak-

ter der Geisteswissenschaften deutlich zu machen, der sie von den Naturwissenschaften unterscheidet.

MODERATOR. Was bedeutet eigentlich Geisteswissenschaft – was ist eine Wissenschaft des Geistes?

DILTHEY. Der Begriff taucht zum ersten Mal 1849 in der deutschen Ausgabe einer Schrift John Stuart Mills als Übersetzung für den englischen Begriff *moral sciences* auf. Mein Verständnis dieses Begriffs orientiert sich aber eher an Hegels Unterscheidung zwischen Naturphilosophie und Philosophie des Geistes sowie der weiteren Unterscheidung zwischen subjektivem Geist, dem menschlichen Bewusstsein, und objektivem Geist, der sich in Recht, Moralität, Sittlichkeit usw. findet. Der Begriff *Geisteswissenschaft* umfasst für mich alle wissenschaftlichen Disziplinen, die sich nicht mit der Erforschung der Erscheinungen der Natur, sondern den Erzeugnissen des menschlichen Geistes, den Erscheinungen des objektiven Geistes, widmen.

MODERATOR. Welche Disziplinen sind das?

DILTHEY. Geisteswissenschaften sind Geschichte, Nationalökonomie, Rechts- und Staatswissenschaften, Religionswissenschaften, Philosophie, Psychologie, das Studium von Literatur und Dichtung, von Raumkunst und Musik. Diese Disziplinen sind in zweifacher Weise miteinander verbunden, nämlich durch ihren Gegenstandsbereich und ihre Betrachtungsweise.

MODERATOR. Das sind aber sehr unterschiedliche Wissenschaften.

DILTHEY. Sie haben es alle mit dem Menschen, mit der menschlich-gesellschaftlichen Wirklichkeit zu tun. Dabei ist allerdings der Umfang der Subjekte, auf die sich ihre Aussagen beziehen, verschieden: Einige Geisteswissenschaften befassen sich mit dem menschlichen Individuum, andere mit der Familie oder der Nation, manche mit dem Zeitalter oder der geschichtlichen Entwicklung, dem Kultursystem oder gar mit dem Ganzen der Menschheit.

MODERATOR. Aber Physiologie und Medizin befassen sich doch auch mit dem Menschen; deshalb sind sie noch lange keine Geisteswissenschaften.

DILTHEY. Richtig, sie behandeln den Menschen jedoch unter einem anderen Aspekt als die Geisteswissenschaften. Und deshalb müssen wir auch auf die unterschiedliche Betrachtungsweise zwischen beiden Wissenschaftstypen achten.

MODERATOR. Wie unterscheiden sich denn Natur- und Geisteswissenschaften in methodischer Hinsicht?

DILTHEY. Um das zu sehen, sollten wir vorab eine Unterscheidung vornehmen, nämlich zwischen Bewusstsein und Erlebnis. Wenn mir etwas bewusst ist, dann stelle ich mir dieses als Gegenstand, als ein Objekt vor, das klar von mir als dem vorstellenden Subjekt verschieden ist. In dieser Trennung liegt, dass ich den Gegenstand als solchen erkenne und weiter analysieren, in einzelne Aspekte zergliedern kann. Das Erleben, das mir innerlich unmittelbar zugänglich ist, ist dagegen immer etwas Ganzheitliches. Das, *was* erlebt wird, und dass *ich* es bin, der dies erlebt, sind nicht getrennt. Das Erlebnis umfasst somit Lebenszusammenhänge, die sich dem analytischen Zugriff entziehen; in ihm ist das Ganze der Wirklichkeit, in der wir leben, enthalten. »Grau ... ist alle Theorie und grün des Lebens Baum« hat Goethe im *Faust* dazu geschrieben.

MODERATOR. Sie sind der Auffassung, dass die Geisteswissenschaften es mit dem Erleben zu tun haben?

DILTHEY. Genau. Die Naturwissenschaften suchen Gesetzmäßigkeiten der physischen Welt. Dazu bilden sie aus dem sinnlich Gegebenen unter Absehung vom Erlebnischarakter der Eindrücke abstrakte Vorstellungen, z.B. von Gravitation, Elektrizität usw. Dagegen geschieht in den Geisteswissenschaften eine Rückwendung vom sinnlich Gegebenen auf das, was im Erleben gegeben ist. Während die Naturwissenschaften *von innen nach außen* vorgehen – weg von mir, hin zur Vorstellung der Natur als Objekt – , ist die Richtung, die in den Geisteswissenschaften eingeschlagen wird, *von außen nach innen* – weg von den äußeren Objekten, hin zum inneren Erlebnis. In den Naturwissenschaften geht es um Erklärung der Welt, in den Geisteswissenschaften um das Verstehen von Erlebnissen.

MODERATOR. Den Unterschied zwischen Erklären und Verstehen müssten Sie mir noch genauer erläutern.

DILTHEY. Als *Erklären* bezeichnet man die kausale Rückführung von etwas, was uns sinnlich gegeben ist, auf eine Gesetzmäßigkeit der Natur. So erklärt ein Naturwissenschaftler beispielsweise das Fallen eines Gegenstandes, den jemand loslässt, durch das Naturgesetz der Massenanziehung. *Verstehen* ist dagegen ein Vorgang, in dem wir das, was uns sinnlich gegeben ist, als Ausdruck eines Inneren nehmen, das nicht sinnlich gegeben ist, nämlich als Ausdruck des Geistes.

MODERATOR. Was meinen Sie hier mit ›Ausdruck‹?

DILTHEY. Das Wort ›Ausdruck‹ ist doppeldeutig: Es bezeichnet zunächst einmal eine menschliche Äußerung, z.B. einen Satz, den ich formuliere. ›Ausdruck‹ meint aber auch das, was darin geäußert wird, was darin zum Ausdruck kommt, den Sinn, den geistigen Gehalt. Diese zweifache Bedeutung ist wichtig: In den Geisteswissenschaften geht es darum, das sinnlich Gegebene als Zeichen zu verstehen, in dem ein geistiger Gehalt zum Ausdruck kommt. Das heißt: im Verstehen erfassen wir den Sinngehalt von Äußerungen des Geistes.

MODERATOR. Können Sie ein Beispiel dafür geben?

DILTHEY. Ja, nehmen wir das Werk eines Dichters, das vor mir liegt. Es besteht aus Buchstaben. Daran interessiert den Literaturwissenschaftler nicht, wie diese von Setzern zusammengestellt wurden und welche Verfahren und Gesetzmäßigkeiten dabei zur Anwendung kamen. Sein Interesse gilt dem Zusammenhang der Worte und dem, was durch die sprachliche Gestalt ausgedrückt ist. Und das sind nicht die inneren Vorgänge im Dichter, sondern das ist ein von diesem ablösbarer Zusammenhang. Beispielsweise besteht der Zusammenhang eines Dramas aus einer bestimmten Beziehung von Stoff, Motiv, Form, Darstellungsmitteln usw., die nach den Gesetzen der Dichtkunst miteinander kombiniert sind. Dieser geistige Zusammenhang ist der Gegenstand der Literaturwissenschaft. So entsteht im Verstehen des Geisteswissenschaftlers ein geistiges Objekt, das sich vom physischen Objekt des Naturwissenschaftlers unterscheidet, aber auch nichts Psychisches ist.

MODERATOR. Wie muss ich mir das Verstehen eigentlich genauer vorstellen?

DILTHEY. Sie kennen die elementaren Formen des Verstehens, die im alltäglichen Leben eine Rolle spielen: das Verstehen von Lebensäußerungen anderer Personen, ihrer sprachlichen Äußerungen, ihres Mienenspiels und ihrer Gestik, ihrer Handlungen. Darüber hinaus gibt es die höheren Formen des Verstehens: das Verstehen von Erscheinungsformen des objektiven Geistes wie Sitte, Recht, Staat, Kunst, Religion, Philosophie. Bei allen Formen des Verstehens sind zwei Aspekte zu unterscheiden: Verstehen ist zunächst immer ein Sich-hinein-Versetzen in den oder das, was es zu verstehen gilt. Das allein führt aber noch nicht zum Verständnis. In diesem Sich-hinein-Versetzen geschieht immer auch ein Nachfühlen, ein Nachbilden aufgrund eigener Erlebnisse. Sie könnten die Anzeichen von Trauer nicht verstehen, wenn sie nicht selbst schon einmal Trauer erlebt hätten, könnten ein Liebesgedicht nicht verstehen, wenn sie nicht selbst schon einmal erlebt hätten, was Liebe ist.

MODERATOR. Mir scheint, es gibt einen Zusammenhang von Erlebnis, Verstehen und Ausdruck.

DILTHEY. Richtig, und zwar in zweifacher Richtung. Verstehen von Ausdruck ist nur möglich auf der Basis von Erlebnissen. Andererseits wirkt der objektiv gewordene Ausdruck persönlichen Erlebens – z.B. in Form von sprachlichen Äußerungen – auf andere Menschen ein, beeinflusst ihre Wertvorstellungen, ihr Wirklichkeitsverständnis, ihr Erzeugen neuer Kulturgüter. So entwickeln sich universale Systeme des menschlichen Geistes, die wieder auf das Verstehen des Einzelnen zurückwirken. Sprachliche Verständigung zwischen zwei Menschen funktioniert ja nur, wenn beide eine gemeinsame Sprache sprechen. Und so ist auch jede andere Form geistiger Äußerung nur verständlich, weil es zwischen dem Sich-Äußernden und dem Verstehenden etwas Gemeinsames gibt: das System der Objektivationen des Geistes, die Kultur, von der beide geprägt sind.

MODERATOR. Sind Kulturen nicht geschichtlich geprägt?

DILTHEY. Ja, und das macht einen wesentlichen Unterschied zwischen Geistes- und Naturwissenschaften aus. Die Gesetzmäßigkeiten, die in der sinnlich wahrnehmbaren Welt existieren, sind ohne zeitliche Einschränkung gültig, die Fallgesetze beispielsweise galten schon in der Antike, auch wenn sie erst in der Neuzeit von Galilei formuliert wurden. Der Gegenstand der Geisteswissenschaften ist dagegen wesentlich durch Geschichtlichkeit geprägt. Alles ist hier durch geistiges Tun entstanden, alles ist Produkt geschichtlicher Entwicklung, angefangen von der Art und Weise, Häuser und Kathedralen zu bauen, bis zum Stil von Literatur und Musik und den Begriffen der Philosophie.

MODERATOR. Das würde erklären, warum es so schwierig ist, Äußerungen aus Epochen, die weit vor unserer Zeit liegen, zu verstehen.

DILTHEY. Ja, sie sind sozusagen in einem anderen geistigen Horizont entstanden. Und deshalb ist für die Geisteswissenschaften die Hermeneutik so wichtig.

MODERATOR. Was heißt eigentlich Hermeneutik?

DILTHEY. *Hermeneutik* ist vom griechischen Wort für ›übersetzen‹, ›auslegen‹ abgeleitet. Der Begriff war ursprünglich auf die Tätigkeit des Götterboten Hermes gemünzt, der dem Menschen die Botschaften der Götter überbrachte und deutete. Später hat sich daraus die

Kunst der Auslegung von Schriften, insbesondere der Heiligen Schrift, entwickelt. Für mich ist sie aber die spezifische Methode der Geisteswissenschaften.

MODERATOR. Inwiefern sind die Geisteswissenschaften hermeneutisch?

DILTHEY. In den Geisteswissenschaften geht es darum, Äußerungen des menschlichen Geistes zu verstehen. Da diese aber nicht unmittelbar verständlich sind, bedürfen sie der Auslegung. Die Interpretation ist aber manchmal sehr schwierig, wie Sie selbst angemerkt haben; daher hat sich daraus eine besondere Kunst entwickelt, für die es Regeln gibt. Damit befasst sich die Hermeneutik.

MODERATOR. Können Sie mir zum Schluss noch ein Beispiel für eine solche Regel geben?

DILTHEY. Eine hermeneutische Grundregel besagt, dass das Ganze aus dem Einzelnen und das Einzelne aus dem Ganzen erschlossen werden muss. So lassen sich die einzelnen Äußerungen einer Person nur aus der Ganzheit ihres Lebens, ihrer Epoche usw. verstehen, wie sich umgekehrt dieses Ganze nur aus den einzelnen Äußerungen rekonstruieren lässt. Auslegung vollzieht sich immer in einer Zirkelstruktur – man hat dies den *hermeneutischen Zirkel* genannt. Um etwas Bestimmtes zu verstehen, muss ich schon ein Vorverständnis des Zusammenhangs mitbringen, in dem es steht; um von dem Zusammenhang ein Vorverständnis zu erlangen, muss ich einzelne Teile schon verstanden haben. Aufgrund des Vorverständnisses komme ich zu einem ersten Verständnis einzelner Teile, durch das mein Vorverständnis des Ganzen vielleicht revidiert wird, im Lichte des neuen Vorverständnisses erlange ich ein tieferes Verständnis der Teile usw. Dieser Prozess führt im Idealfall zur Aufhebung der hermeneutischen Differenz zwischen dem Verstehendem und dem, was es zu verstehen gilt. Dann sprechen Hermeneutiker von Horizontverschmelzung.

MODERATOR. Herr Dilthey, vielen Dank für dieses Gespräch.

Arbeitsvorschläge

1. Der Mensch – ein Mängelwesen? (Arnold Gehlen)

a) Erläutern Sie anhand von Beispielen, was Gehlen unter *Unangepasstheit*, *Unspezialisiertheit* und *Primitivismus* versteht.
b) Inwiefern kann der Mensch im Vergleich zum Tier als Mängelwesen bezeichnet werden?
c) Weshalb vertritt Gehlen die Auffassung, dass der Mensch in der Natur eigentlich nicht überleben kann und schon längst ausgestorben sein müsste?
d) Warum kann der Eisbär in der Wüste nicht überleben?
e) Erläutern Sie den Unterschied zwischen *Umwelt besitzen* und *Welt haben*.
f) Wieso ist der Mensch trotz seiner Mängel (über-)lebensfähig?
g) Halten Sie in einer Tabelle die Unterschiede zwischen *Natur* und *Kultur* fest. Diskutieren Sie anschließend die Unterschiede.

2. Das Nützlichkeitsprinzip (Jeremy Bentham, John Stuart Mill, Peter Singer)

a) Wieso beherrschen nach Bentham *Leid* und *Freude* den Menschen?
b) Diskutieren Sie die Kriterien, die bei der Ermittlung des größtmöglichen Glücks für die größtmögliche Zahl von Menschen eine Rolle spielen.
c) Ermitteln Sie anhand eines Beispiels, ob eine bestimmte Maßnahme für die Betroffenen von Vor- oder Nachteil ist.
d) Wie bestimmt Mill den *Utilitarismus*?

e) Begründen Sie, warum Sie – wenn Sie könnten – ein tierisches Leben führen bzw. nicht führen würden.
f) Worin besteht der Unterschied zwischen einem *quantitativen* und *qualitativen Utilitarismus*?
g) Was versteht Mill unter *Glück*?
h) Wie soll nach Mill ein Zusammenleben zwischen den Menschen aussehen? Welche Voraussetzungen sind dazu notwendig?
i) Erläutern Sie die Voraussetzungen, die Singer macht, bevor er zum *Präferenzutilitarismus* vordringt.
j) Worin besteht der Unterschied zwischen quantitativem und qualitativem Utilitarismus auf der einen und *Präferenzutilitarismus* auf der anderen Seite?
k) Warum darf ein Mensch nicht, ein Fisch dagegen problemlos getötet werden?
l) Können Sie sich Situationen vorstellen, in denen Singer zugestehen würde, auch menschliches Leben problemlos zu töten? Begründen Sie Ihre Auffassung.

3. Der kategorische Imperativ (Immanuel Kant)

a) Erläutern Sie den *kategorischen Imperativ* in seiner Grundform.
b) Erläutern Sie, warum Kant seine ethischen Überlegungen auf den guten Willen gründet.
c) Erklären Sie den Unterschied zwischen Neigung, pflichtmäßigem Handeln und Handeln aus Pflicht.
d) Welche Bedeutung hat die Unterscheidung von Inhalt und Form eines Gesetzes für das moralische Gesetz?
e) Erläutern Sie den Unterschied zwischen kategorischem Imperativ und *Goldener Regel.*
f) Worin besteht nach Kant das Kriterium dafür, dass ich etwas als allgemeines Gesetz »wollen kann«? Erläutern Sie dies an einem Beispiel.

g) Erklären Sie die Bedeutung der *Menschheits-Zweck-Formel* des kategorischen Imperativs.
h) Worin besteht nach Kant die Freiheit des Menschen?

4. Eine Ethik für die technische Zivilisation (Hans Jonas)

a) Erklären Sie das Bild des entfesselten Prometheus.
b) Erläutern Sie die Merkmale der bisherigen Ethik.
c) Warum bedarf es nach Hans Jonas einer neuen Ethik?
d) Erläutern Sie den neuen Imperativ in Abgrenzung vom *kategorischen Imperativ* Kants.
e) Was versteht Hans Jonas unter *Heuristik der Furcht*?

5. Wozu braucht man überhaupt einen Staat? (Thomas Hobbes, John Locke, Jean-Jacques Rousseau)

a) Zeigen Sie auf, inwiefern der *Naturzustand* nach Hobbes ein *Krieg eines jeden gegen jeden* ist.
b) Wie kann der Naturzustand nach Hobbes überwunden werden?
c) Erklären Sie, inwiefern ein rationaler Egoist bereit ist, Freiheit gegen Sicherheit zu tauschen.
d) Zeigen Sie auf, über welche Macht der Souverän verfügt und welche Rechte ein Bürger nach Hobbes hat.
e) Worin unterscheidet sich Lockes Auffassung des Naturzustandes von der Hobbes'?
f) Erläutern Sie Lockes Konzept eines *liberalen Verfassungsstaates*.
g) Zeigen Sie auf, welche Bedeutung der Begriff der *Freiheit* für Rousseaus politische Theorie hat.
h) Erläutern Sie Rousseaus Konzept einer direkten, auf dem allgemeinen Willen beruhenden *Demokratie*.

6. Friede und Völkerrecht
(Immanuel Kant)

a) Welche Intention verfolgt Kant in der Friedensschrift?
b) Erläutern Sie die Vorbedingungen für einen *ewigen Frieden.*
c) Warum kann eine Politik der Abschreckung nach Kant nicht zum Frieden führen?
d) Erläutern Sie die Analogie zwischen *innerstaatlichem* und *zwischenstaatlichem Naturzustand.*
f) Erklären Sie, warum die Errichtung einer Weltrepublik nicht die Lösung des Friedensproblems sein kann.
g) Was verbindet Kant mit der Idee eines *Völkerrechts*?
h) Zeigen Sie die Bedeutung der Ideen Kants für den Völkerbund und die UNO auf.

7. Glückseligkeit und Tugend
(Aristoteles)

a) Zeigen Sie, inwiefern Aristoteles zufolge alle Menschen nach dem *Guten* streben.
b) Inwiefern stellt *Glückseligkeit* das höchste Gut dar?
c) Warum lässt sich Glückseligkeit nicht durch das Streben nach Lustgewinn erreichen?
d) Was versteht Aristoteles unter *Tugend*?
e) Erläutern Sie die Lehre von der Tugend als der rechten Mitte zwischen Extremen an einigen Beispielen.
f) Wie kann man nach Aristoteles tugendhaft werden?
g) Was versteht Aristoteles unter der *theoretischen Lebensform*?

8. Arbeit und Eigentum (John Locke)

a) Erläutern Sie, wie der Mensch des *frühen Naturzustands* zu *Eigentum* gelangt.
b) Wodurch unterscheidet sich das Eigentum des frühen Naturzustands von dem des fortgeschrittenen Naturzustands?
c) Wieso hängen die Begriffe *Eigentum* und *Person* zusammen?
d) Was ist der Unterschied zwischen *Besitz* und *Eigentum*?
e) Erklären Sie zunächst die beiden Aneignungsschranken und zeigen Sie dann, wieso sie aufgehoben werden können.
f) Wie funktioniert Wirtschaft nach Locke?
g) Erläutern Sie, warum die Besitzverhältnisse im Naturzustand unterschiedlich groß sind.
h) Wieso sieht Locke die Arbeitskraft als Ware an?
i) Diskutieren Sie die Theorie vom gerechten Preis.

9. Was ist ein gerechter Lohn? (Karl Marx)

a) Diskutieren Sie, wieso Marx zufolge selbst die besten Wirtschaftswissenschaftler den *Wert der Arbeit* nicht bestimmen konnten.
b) Wie definiert Marx die Begriffe *Produktionsmittel* und *Produktionskosten*?
c) Erklären Sie, welche Fehler in der Bestimmung des *Werts der Arbeit* in der Lehre der Klassischen Ökonomen vorliegen.
d) Wie löst Marx das Problem der Klassischen Ökonomen?
e) Erläutern Sie die *Mehrwerttheorie*.

10. Das Dunkel der Höhle und das Licht der Idee (Platon)

a) Fertigen Sie eine Skizze zu den vier Stufen an, die Platon im Höhlengleichnis beschreibt.
b) Was möchte Platon mit dem Aufstieg über die vier Stufen zum Ausdruck bringen?
c) Was hat es mit der Rückkehr in die Höhle auf sich?
d) Skizzieren Sie die vier Abschnitte des Liniengleichnisses und tragen Sie die Bezeichnungen der entsprechenden Seinsbereiche und Wissensformen ein.
e) Erläutern Sie den Unterschied zwischen *Idee* und *Erscheinung*.
f) Stellen Sie die Verhältnisse von Gegenstand, Auge, Licht und Sonne im Sonnengleichnis in einem Schaubild dar und deuten Sie das Gleichnis.

11. Wie der Mensch zu Ideen gelangt (John Locke)

a) Wie erhält der Mensch das Material für seine Vernunft und Erkenntnis aus der Erfahrung?
b) Was versteht Locke unter einer *Idee*?
c) Erläutern Sie den Unterschied zwischen *Sensation* (Sinneswahrnehmung) und *Reflexion* (Selbstwahrnehmung).
d) Was versteht Locke unter *einfachen Ideen*?
e) Erklären Sie an Beispielen, was *komplexe Ideen* sind.
f) Locke gelangt schließlich auch noch zu *abstrakten Ideen*. Welche Schwierigkeiten hat er dabei außer Acht gelassen?

12. Erfahrung statt Vernunft (David Hume)

a) Wie bestimmt Hume die Begriffe *impressions* (Sinneseindrücke) und *ideas* (Vorstellungen)?
b) Warum sind die Sinneseindrücke stärker als die Vorstellungen?
c) Welche *Assoziationsgesetze* gibt es? Finden Sie Beispiele dazu.
d) Erklären Sie, was nach Hume *Tatsachen-* und *Vernunftwahrheiten* sind.
e) Wieso lässt sich das *Kausalitätsprinzip* nicht *a priori* erklären?
f) Welche Bedingungen müssen erfüllt sein, damit zwischen Ereignissen ein Kausalitätsverhältnis angenommen werden kann?
g) Welche Probleme in Bezug auf das Kausalitätsprinzip macht Hume am Billard-Beispiel deutlich?
h) Worauf gründet sich nach Hume Kausalität?

13. Die kopernikanische Wende in der Philosophie (Immanuel Kant)

a) Erläutern Sie den Einfluss David Humes auf Kants Erkenntnistheorie.
b) Worin besteht die *kopernikanische Wende* in der Philosophie? Erläutern Sie dies an einem Beispiel.
c) Zeigen Sie auf, worin nach Kant die Quellen der Erkenntnis bestehen.
d) Erläutern Sie, inwiefern *Raum* und *Zeit* reine Formen der Anschauung darstellen.
e) Erläutern Sie die *Kategorien* als reine Formen des Denkens.
f) Fertigen Sie ein Schaubild an, das die verschiedenen Stufen des Erkenntnisprozesses nach Kant darstellt.

g) Erläutern Sie die Bedeutung der Erkenntnistheorie Kants für die *empirischen Wissenschaften* und für die *traditionelle Metaphysik.*

14. Wir können nur aus Fehlern lernen (Karl Raimund Popper)

a) Welche Bedeutung hat das *Induktionsproblem* für die Wissenschaftstheorie Poppers?
b) Erklären Sie, wie Wissenschaftler nach Popper zu ihren Erkenntnissen gelangen.
c) Erläutern Sie, inwiefern *Falsifizierbarkeit* nach Popper das Kriterium von Wahrheit darstellt.
d) Kann es nach Popper *absolute (objektive) Wahrheit* geben? Warum bzw. warum nicht?
e) Erläutern Sie den Unterschied zwischen der *Kübeltheorie* und der *Scheinwerfertheorie* des menschlichen Geistes.

15. Erklären und Verstehen (Wilhelm Dilthey)

a) Worin besteht der Unterschied zwischen Geistes- und Naturwissenschaften in inhaltlicher und methodischer Hinsicht?
b) Erläutern Sie den Unterschied zwischen *Erklären* und *Verstehen.*
c) Erläutern Sie den Zusammenhang zwischen *Verstehen, Erleben* und *Ausdruck.*
d) Erläutern Sie an einem Beispiel, inwiefern geistige Objekte eine eigene Wirklichkeit darstellen.
e) Zeigen Sie auf, inwiefern Geisteswissenschaften durch Geschichtlichkeit geprägt sind.
f) Was versteht Dilthey unter *Hermeneutik*?

Literaturhinweise

Die folgende Auswahlbibliographie erhebt keinen Anspruch auf Vollständigkeit, verzichtet bewusst auf Fachliteraturangaben und richtet sich primär an Schülerinnen und Schüler.

Philosophiegeschichten

Delius, Christoph [u. a.]: Geschichte der Philosophie von der Antike bis heute. Köln 2000.

Farman, John: Eine schräge Geschichte der Philosophie. Ohne den lahmen Kram! München 1997.

Jacoby, Edmund: 50 Klassiker. Philosophen. Denker von der Antike bis heute. Hildesheim 2001.

Magee, Bryan: Die Geschichte der Philosophie. Hildesheim 2000.

Osborne, Richard: Philosophie. Eine Bildergeschichte für Einsteiger. Illustriert von Ralph Edney. München 1996.

Papineau, David (Hrsg.): Philosophie. Eine illustrierte Reise durch das Denken. Darmstadt 2008.

Wörterbücher/Lexika/Nachschlagewerke

Delf, Hanna [u. a.]: Jugendlexikon Philosophie. Reinbek bei Hamburg 1988. (rororo Handbuch. 6310.)

Kunzmann, Peter [u. a.] (Hrsg.): dtv-Atlas zur Philosophie. Tafeln und Texte. 13., durchges. und korr. Aufl. München 2002.

Redaktion Schule und Lernen (Hrsg.): Schülerduden Philosophie. 2. Aufl. Mannheim [u. a.] 2002.

Herausforderung zum Weiterdenken

Gaarder, Jostein: Sofies Welt. Roman über die Geschichte der Philosophie. München 1993.

Geier, Manfred: Was konnte Kant, was ich nicht kann? Reinbek bei Hamburg 2006. (rororo Sachbuch. 62162.)

Irwin, William (Hrsg.): Die Simpsons und die Philosophie. Schlauer werden mit der berühmtesten Fernsehfamilie der Welt. Berlin 2007.

K., Nora / Hösle, Vittorio: Das Café der toten Philosophen. Ein philosophischer Briefwechsel für Kinder. 3. Aufl. München 1997.
Law, Stephen: Philosophie. München 2008. (Kompakt & Visuell.)
Morris, Tom: Philosophie für Dummies. Bonn 2000.
Savater, Fernando: Die Fragen des Lebens. Frankfurt a. M. / New York 2000.
Steenblock, Volker: Die großen Themen der Philosophie. Eine Anstiftung zum Weiterdenken. Darmstadt 2003.
Tudendhat, Ernst [u. a.]: Wie sollen wir handeln? Schülergespräche über Moral. Stuttgart 2000. (Universal-Bibliothek. 18089.)
Warburton, Nigel: Philosophie. Die Klassiker. Von Platon bis Wittgenstein. Reinbek bei Hamburg 2000. (rororo Sachbuch. 60867.)

Die Autoren

JÖRG PETERS, Dr. phil., Lehrer für Philosophie, Praktische Philosophie und Englisch in Oberhausen; Tätigkeit in der Lehrerfort- und -weiterbildung, Mitarbeit an der Entwicklung des Faches Praktische Philosophie in Nordrhein-Westfalen. – Zahlreiche Veröffentlichungen in philosophiedidaktischen Zeitschriften und Anthologien, Autor und Herausgeber von mehreren Schulbüchern für die Fächer Philosophie und Praktische Philosophie.

BERND ROLF, Dr. phil., Lehrer für Philosophie, Praktische Philosophie und Deutsch in Kevelaer; Tätigkeit in der Lehrerfort- und -weiterbildung, Mitarbeit an der Entwicklung des Faches Praktische Philosophie in Nordrhein-Westfalen, Fachberater für Philosophie bei der Bezirksregierung Düsseldorf, Fachseminarleiter für Philosophie / Praktische Philosophie am Studienseminar für Lehrämter an Schulen in Krefeld, Vorsitzender des Fachverbandes Philosophie e. V. – Zahlreiche Veröffentlichungen in philosophiedidaktischen Zeitschriften und Anthologien, Autor und Herausgeber von mehreren Schulbüchern für die Fächer Philosophie und Praktische Philosophie.